作手操盘之

连阳操手册

编著◎连阳明

中国宇航出版社

·北京·

版权所有　侵权必究

图书在版编目（CIP）数据

作手操盘之连阳手册 / 连阳明编著. -- 北京：中
国宇航出版社，2024. 11. -- ISBN 978-7-5159-2441-0

Ⅰ. F830.91

中国国家版本馆 CIP 数据核字第 20240PT532 号

责任编辑　卢　册　　　　　**封面设计**　付洪铃

出　版 发　行	**中国宇航出版社**		
社　址	北京市阜成路 8 号 （010）68768548	邮　编　100830	
网　址	www.caphbook.com		
经　销	新华书店		
发行部	（010）68767386 （010）68767382	（010）68371900 （010）88100613（传真）	
零售店	读者服务部 （010）68371105		
承　印	北京天恒嘉业印刷有限公司		

版　次	2024 年 11 月第 1 版 2024 年 11 月第 1 次印刷
规　格	889×1194
开　本	1/16
印　张	6
字　数	78 千字
书　号	ISBN 978-7-5159-2441-0
定　价	59.00 元

本书如有印装质量问题，可与发行部联系调换

目录

上篇 竞价分析盘面

盘面概览 ……………………………………… 01

功能分区 ……………………………………… 02

功能导航 ……………………………………… 03

一、大盘早盘集合竞价功能介绍 …………… 08

二、集合竞价主力监控功能介绍 …………… 09

三、板块竞价热点功能介绍 ………………… 39

四、市场列表功能介绍 ……………………… 44

五、分时图、K线图功能介绍 ……………… 54

下篇 游资分析盘面

盘面概览 ……………………………………… 67

功能分区 ……………………………………… 68

功能导航 ……………………………………… 69

一、游资指数功能介绍 ……………………… 69

二、接力资金功能介绍 ……………………… 72

三、龙头挖掘功能介绍 ……………………… 76

四、游资动向功能介绍 ……………………… 82

五、基础联动功能概览 ……………………… 88

上篇 竞价分析盘面

盘面概览

功能分区

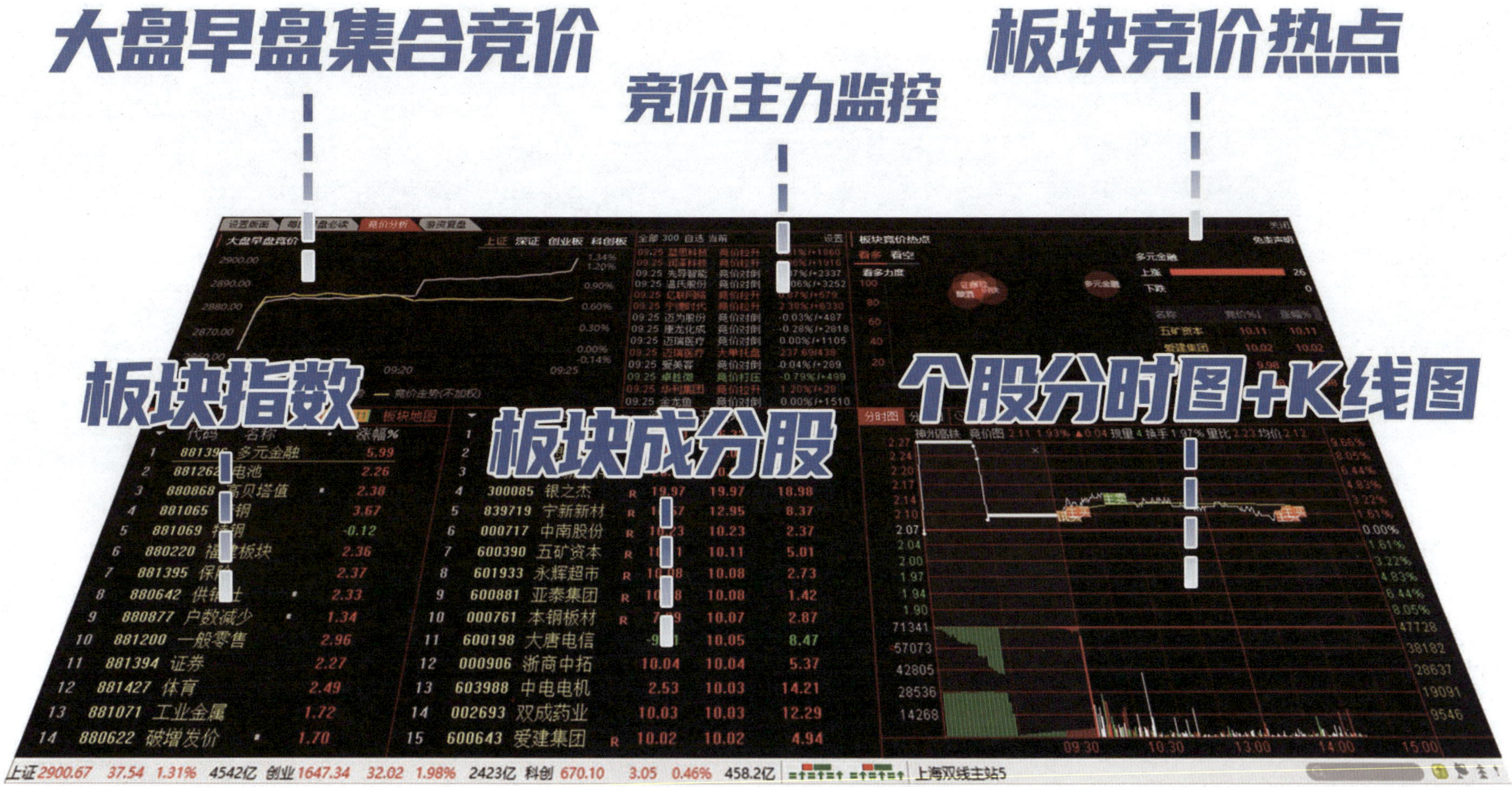

大盘早盘集合竞价

竞价主力监控

板块竞价热点

板块指数

板块成分股

个股分时图+K线图

上篇 竞价分析盘面

功能导航

▶▶ 一、大盘早盘集合竞价功能介绍

1. 什么是大盘早盘集合竞价

　　大盘早盘集合竞价是指在每个交易日上午 9:15 至 9:25 这段时间内，对大盘指数所涵盖的股票买卖申报进行一次性集中撮合的过程。

- **白线：** 通常代表加权后的上证指数，也称为大盘加权指数。它是按照股票的总股本进行加权计算得出的，即股本越大的股票，其价格波动对白线的影响就越大。一般来说，白线可以反映大盘股的走势。

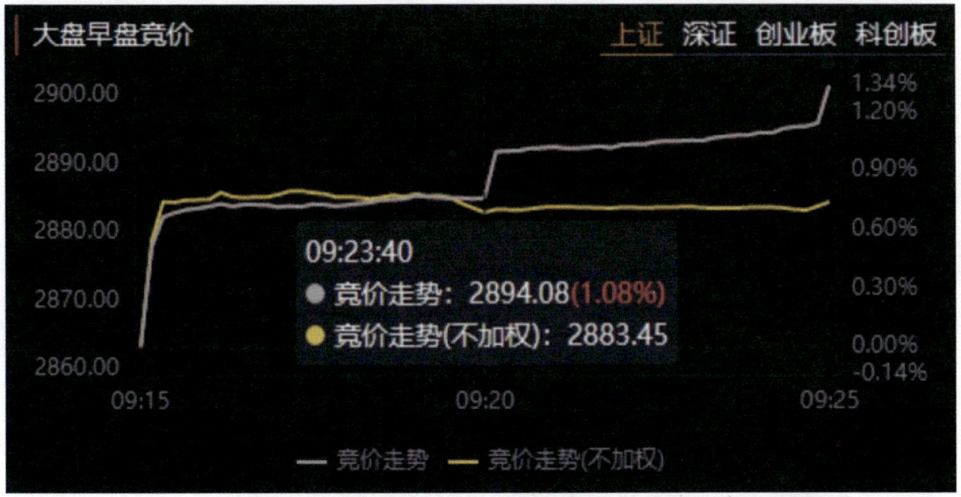

- **黄线：** 代表不考虑股票盘子大小，将所有股票对指数的影响视为相同而计算出来的大盘指数，也称为大盘不含加权指数。黄线受小盘股的影响相对较大，可在一定程度上反映小盘股的表现。

2. 大盘早盘集合竞价的作用

大盘指数集合竞价的走势主要有以下几点实践作用。

· 市场情绪和预期

集合竞价阶段的走势可以体现投资者对当天市场整体走势的多空态度。如果上证指数在集合竞价期间高开，通常反映市场情绪较为乐观，投资者普遍预期市场当天可能上涨；反之，如果低开，则暗示市场情绪较为谨慎或悲观。

· 资金动向

较大幅度的高开或低开，表明可能有大规模的资金在集合竞价阶段积极买入或卖出，反映了主力资金或机构投资者的操作意图。

·消息面的影响

国内外重大的经济、政治、金融等消息往往会在集合竞价阶段得到反映。例如，利好的宏观经济数据发布、重大政策出台或者国际市场的积极变化，可能引发上证指数在集合竞价期间被拉升；而不利的消息则可能导致上证指数在集合竞价期间被打压。

·板块轮动的迹象

某些特定板块的重大事件或业绩表现，可能带动相关股票在集合竞价时表现活跃，从而影响上证指数集合竞价期间的走势。如果是权重板块表现突出，对上证指数的影响会更为显著，可能预示着当天市场的热点板块和资金流向。

3.大盘早盘集合竞价实战分享

·背景知识

上证指数3000点对A股的意义。

（1）心理关口。

3000点在投资者心中是一个重要的心理关口。当指数接近或突破这一点位时，会对投资者的情绪和信心产生较大影响。突破3000点可能激发投资者的乐观情绪，吸引更多资金入场；反之，跌破3000点，则可能引发恐慌和抛售。

（2）估值参考。

从估值角度看，3000点附近的上证指数可能反映了市场整体估值的一定水平。当指数处于这一位置时，有助于投资者评估股票的价格是否合理。

（3）市场趋势的标志。

上证指数在 3000 点上下波动，一定程度上可以作为判断市场趋势的一个参考。如果能够在3000点上方站稳并继续上行，意味着市场处于上升趋势；若长期在3000点下方徘徊，则可能显示市场较为弱势。

（4）政策信号。

当上证指数接近或跌破 3000 点时，可能会引发监管部门对市场的关注，从而出台一些政策来稳定市场，如调整货币政策、出台资本市场改革措施等。

理解完以上背景知识以后，接下来我们回顾一场3000点"保卫战"，来体会一下"大盘早盘集合竞价"的实战应用。

"战役周期"：2023年12月5日—2024年2月23日

跌破时间：2023年12月5日

2023年12月5日，国际上公认的最具权威的三大专业信用评级机构之一的美国穆迪评级公司（Moody's）发布报告，报告表示"维持中国主权信用评级不变，但将评级展望由稳定调整为负面，并指出我国经济增速放缓的风险。"

05 Dec 2023

Singapore, December 05, 2023 – Moody's Investors Service ("Moody's") today changed the outlook to negative from stable on China's government credit ratings while affirming China's A1 long-term local and foreign-currency issuer and senior unsecured ratings and the (P)A1 foreign-currency senior unsecured shelf rating.

The change to a negative outlook reflects rising evidence that financial support will be provided by the government and wider public sector to financially-stressed regional and local governments (RLGs) and State-Owned Enterprises (SOEs), posing broad downside risks to China's fiscal, economic and institutional strength. The outlook change also reflects the increased risks related to structurally and persistently lower medium-term economic growth and the ongoing downsizing of the property sector. These trends underscore the increasing risks related to policy effectiveness, including the challenge to design and implement policies that support economic rebalancing while preventing moral hazard and containing the impact on the sovereign's balance sheet. As such, Moody's expects support provided to financially-stressed entities to be more selective, contributing to protracted risks of further strains for SOEs and RLGs.

The affirmation of the A1 rating reflects China's financial and institutional resources to manage the transition in an orderly fashion. Its economy's vast size and robust, albeit slowing, potential growth rate, support its high shock-absorption capacity. This is buttressed by low external risks and financing costs as large domestic savings foster high debt affordability. High economic strength also supports general government revenue which implies that financial resources can be mobilised to support RLGs and, indirectly, local government financing vehicles (LGFVs) if these resources can be effectively allocated. And while policy effectiveness is being tested, a track record of effective policy actions in the past also supports the rating.

China's local- and foreign-currency country ceilings are unchanged at Aaa and Aa1 respectively. The local currency ceiling, four notches above the rating, reflects limited external risks, broadly predictable institutions; offset by a large government footprint and influence in the economy and financial system which could lead to government decisions that are credit negative for non-government issuers. Looking ahead, erosion in the predictability of executive institutions and government actions could point to a lower local currency ceiling. The foreign currency ceiling, one notch below the local currency ceiling, reflects the net impact of strong policy

2023年12月5日穆迪公司
发布的评级报告原文片段截取

消息一出，市场情绪快速发酵，当日上证指数收盘跌破3000点，报收2972.3点，三市成交额（沪深京）8354.11亿元，较前一交易日放量下跌1.67%，自此，一轮属于A股市场的3000点"保卫战"正式打响。

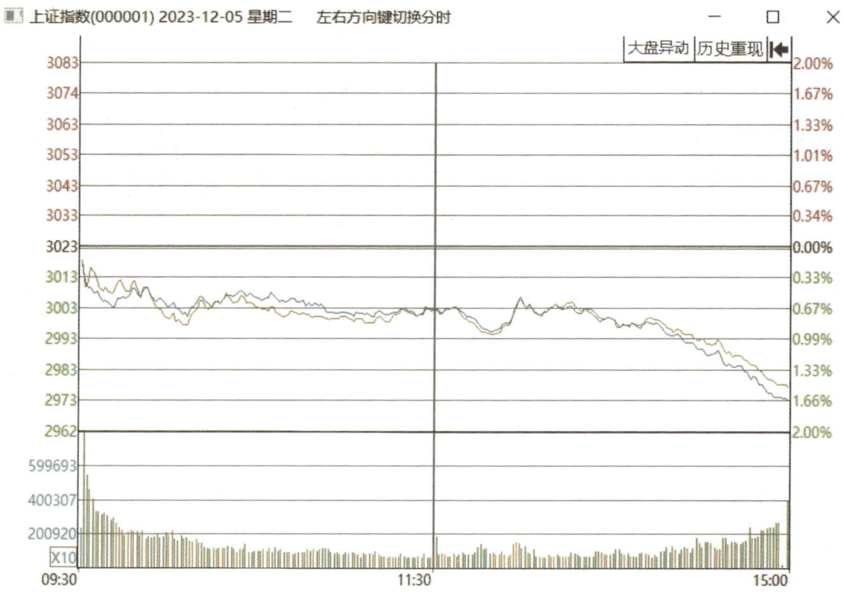

"股市如逆水行舟，不进则退。"这一轮下跌一直持续到2024年2月6日。此时中央汇金公司发布公告称，充分认可当前A股市场的配置价值，已于近日扩大交易型开放式指数基金（ETF）的增持范围，并将持续加大增持力度，扩大增持规模，坚决维护资本市场的平稳运行。同时配合证监会就汇金增持、两融业务、并购重组、提升上市公司投资价值等方面密集发声，提振市场信心。

在经历了长达两个月的下跌以后，上证指数在2024年2月5日收长下影线，于2635.09点寻底成功。接着，2024年2月6日上证指数低开高走，以放量上涨3.23%的大阳线来确认反攻的开始。2024年2月7日，从早盘大盘集合竞价阶段就开启了情绪高、估值低、趋势底、政策好的共振上行，指数当天收获光头大阳线，放量上涨1.44%。

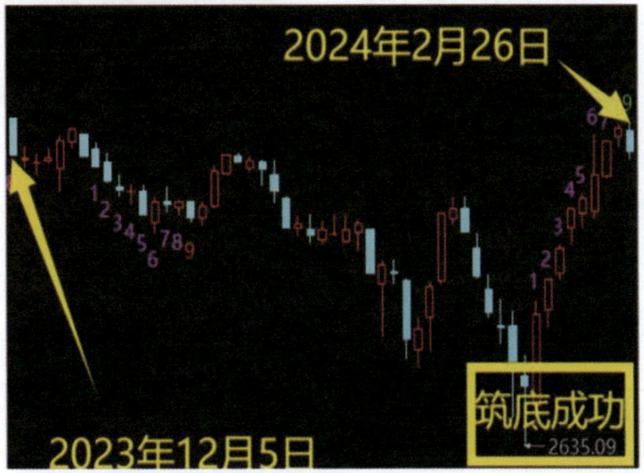

2023年12月5日—2024年2月26日上证指数K线图

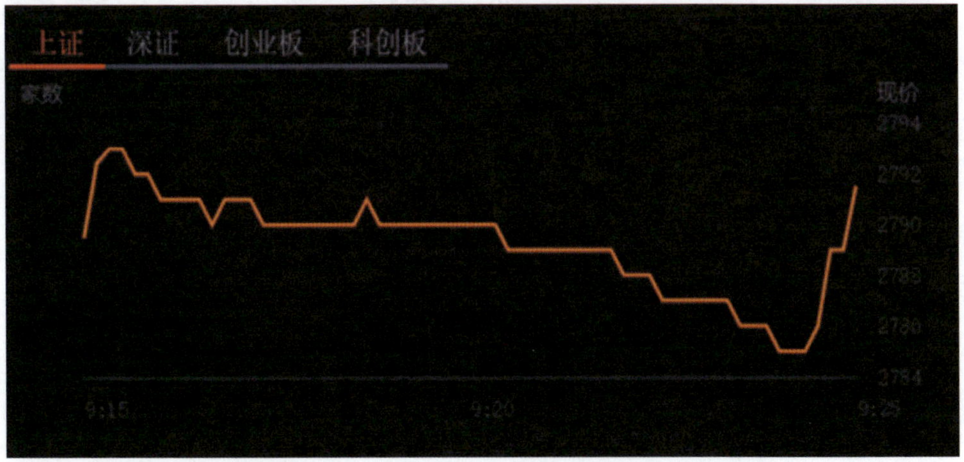

2024年2月7日上证指数早盘集合竞价图

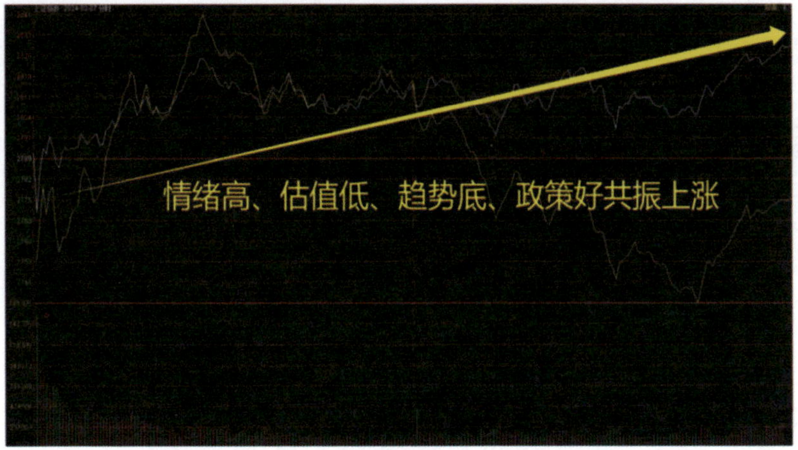

2024年2月7日上证指数分时图

▶▶ 二、竞价主力监控功能介绍

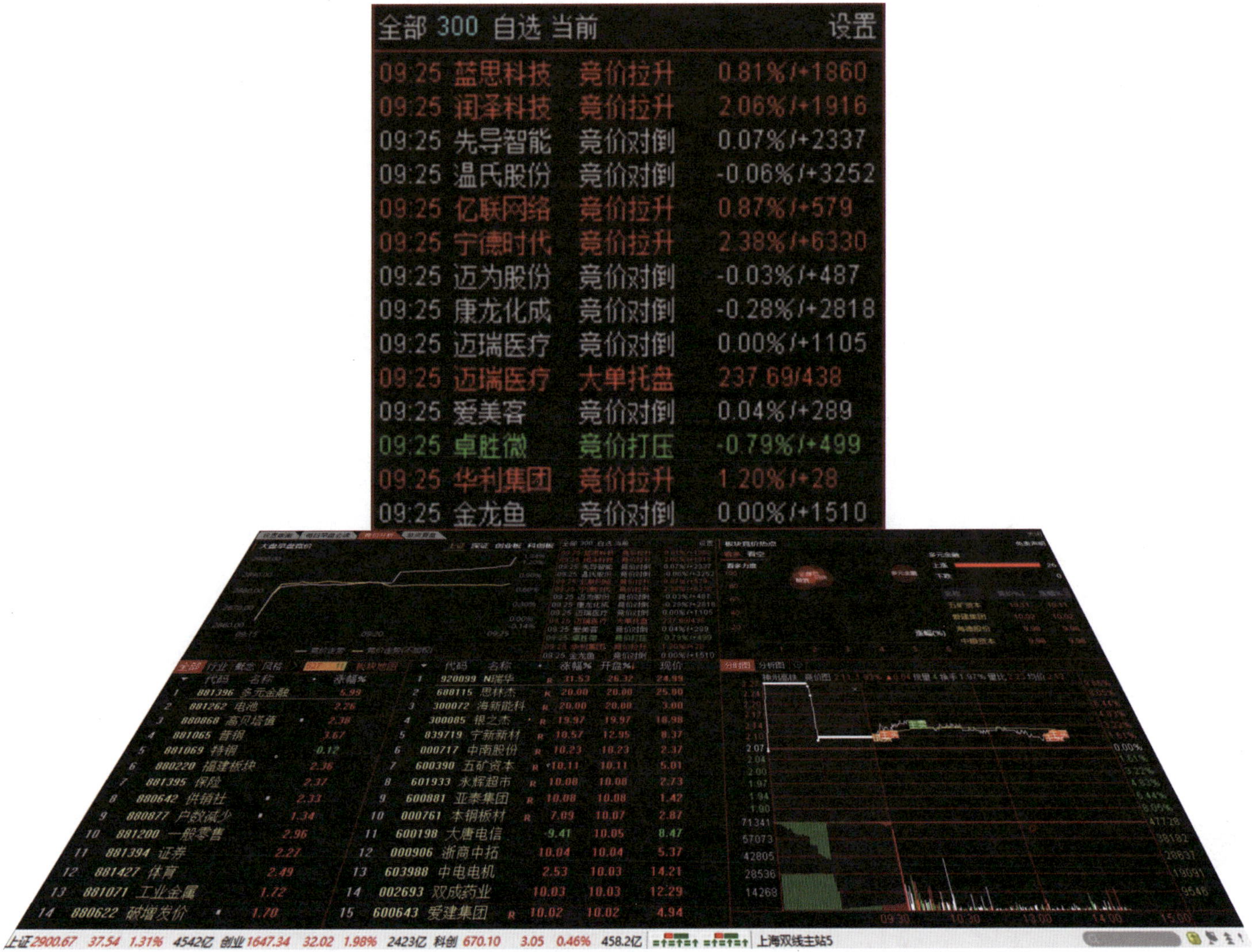

全部 300 自选 当前		设置
09:25 蓝思科技	竞价拉升	0.81%/+1860
09:25 润泽科技	竞价拉升	2.06%/+1916
09:25 先导智能	竞价对倒	0.07%/+2337
09:25 温氏股份	竞价对倒	-0.06%/+3252
09:25 亿联网络	竞价拉升	0.87%/+579
09:25 宁德时代	竞价拉升	2.38%/+6330
09:25 迈为股份	竞价对倒	-0.03%/+487
09:25 康龙化成	竞价对倒	-0.28%/+2818
09:25 迈瑞医疗	竞价对倒	0.00%/+1105
09:25 迈瑞医疗	大单托盘	237.69/438
09:25 爱美客	竞价对倒	0.04%/+289
09:25 卓胜微	竞价打压	-0.79%/+499
09:25 华利集团	竞价拉升	1.20%/+28
09:25 金龙鱼	竞价对倒	0.00%/+1510

1. 什么是集合竞价主力监控

集合竞价主力监控功能是一种用于观察集合竞价阶段主力资金在个股中动态的工具。在集合竞价期间，即每个交易日上午 9:15 — 9:25 这段时间，买卖双方通过申报买卖价格和数量，以确定开盘价。

集合竞价主力监控功能旨在帮助投资者追踪主力在这一短暂且关键的时间段内的行为。

· 主力行为分类

主力行为	监控标准	主力意图
主力买入 主力卖出	（1）基本标准：成交量 ≥ 500手且成交金额 ≥ 500万元；或者成交量 ≥ 3000手且成交金额 ≥ 200万元 （2）不活跃个股标准减半：前5日的日平均成交量 < 1.2万手，成交量标准减半；日平均成交额 < 2400万元，成交额标准减半 （3）活跃个股标准加倍：前5日的日平均成交量 > 12万	**买入信号** · **积极建仓**：可能意味着主力认为当前股价被低估，或者公司有潜在的利好因素尚未被市场充分反映，所以选择在此时大量买入以建立仓位 · **增强控盘能力**：通过买入更多股票，增加对该股票价格走势的影响力和控制权 　像某些小盘股，主力买入大量筹码后，能更轻松地推动股价上涨或稳定价格 · **制造上涨预期**：吸引其他投资者跟风买入，共同推动股价上升，从而为后续操作创造有利条件

主力行为	监控标准	主力意图
	手，成交量标准加倍；日平均成交额>14400万元，成交额标准加倍 （4）极度活跃个股标准再加倍：前5日的日平均成交量>48万手，成交量标准再加倍；日平均成交额>60000万元，成交额标准再加倍 （5）揭示格式：成交价格/成交数量	**卖出信号** ·**获利了结**：主力在前期低位买入，股价已经大幅上涨达到预期目标，此时选择卖出兑现利润 ·**规避风险**：主力察觉到公司基本面出现不利变化，或者市场整体环境不佳，决定卖出以降低风险 ·**调仓换股**：主力根据自身的投资策略和市场形势，将资金从当前股票转移到其他更有潜力的投资标的上
加速拉升 加速下跌	（1）最近连续5分钟有成交（考察样本） （2）对于A股和B股，最近1分钟上涨（下跌）幅度达到0.8%；最近至少3分钟连续上涨（下跌）并且涨幅	**加速拉升信号** ·**吸引跟风盘**：快速拉升会带来强烈的赚钱效应，吸引市场上的跟风资金买入，主力借此可在高位出货 ·**节省拉升成本和时间**：一鼓作气的快速拉升能减少拉升过程中资金的使用量，并缩短股价在低

主力行为	监控标准	主力意图
	（跌幅）变大，总涨幅（跌幅）达到1.5% （3）对于板块指数，最近1分钟上涨（下跌）幅度达到0.3%；最近至少3分钟连续上涨（下跌）并且涨幅（跌幅）变大，总涨幅（跌幅）达到0.6% （4）创当日新高（低） （5）5分钟内不重复报告 （6）揭示格式：最近5分钟内，最近上涨（下跌）累计幅度	位运行的时间，降低主力的操作成本 ·**提高市场关注度**：使股票成为市场焦点，吸引更多投资者的注意，可能引发更多的买盘 ·**出货需求**：部分主力在完成建仓和洗盘后，通过加速拉升股价至高位，以实现获利了结 **加速下跌信号** ·**洗盘意图**：通过快速打压股价，制造恐慌情绪，迫使散户交出筹码，以达到洗盘目的，为后续拉升做准备。主力现在让股票加速下跌，主要是逼迫部分套牢盘割肉，以在低位吸纳更多的廉价筹码。之后可能放量拉涨停诱多，引起市场关注，当追进来的资金增多、成交量变大后，就会多次震仓试盘，测试上方的抛压 ·**出货**：主力筹码较多时，出货可能会导致抛售压力增大。为了在较高价位出货并获得最大利益，主力可能先拉高股价，然后再逐步派发，让股价逐步走低

主力行为	监控标准	主力意图
		·**利空消息或行业环境变化**：可能是公司基本面出现利空消息，或者整个行业面临不利因素，导致主力加速出逃，引发股价下跌 ·**打压股价以获取更低价筹码**：主力可能故意打压股价，以便在更低的价位重新收集筹码
高位回落 低位反弹	（1）最近连续5分钟有成交（考察样本） （2）对于A股和B股，最近1分钟下跌（上涨）幅度达到0.8%；最近5分钟内，最近下跌（上涨）累计幅度达到1.5%；5分钟前涨（跌）幅达到1.5% （3）对于板块指数，最近1分钟下跌（上涨）幅度	**高位回落信号** ·**获利了结压力**：当股价上涨到较高位置时，前期买入并获利的投资者可能会选择卖出股票以兑现利润，从而导致卖盘增加，股价回落 ·**技术阻力**：在特定的价格区域可能存在技术分析上的阻力位，如重要均线、前期高点等。当股价接近或触及这些阻力位时，可能会引发卖盘，导致股价回落 ·**市场情绪转变**：市场情绪从乐观转为谨慎或恐慌，投资者担心股价无法继续上涨，从而纷纷抛

主力行为	监控标准	主力意图
	达到0.3%；最近5分钟内，最近下跌（上涨）累计幅度达到0.6%；5分钟前涨（跌）幅达到0.6% （4）5分钟内不重复报告 （5）揭示格式：最近5分钟内，最近下跌（上涨）累计幅度	售股票，导致股价下跌 **低位反弹信号** ·**价值回归：**当股价过度下跌，低于其内在价值时，吸引价值投资者买入，从而推动股价反弹 ·**技术支撑：**在较低的价格区域可能存在技术分析上的支撑位，如重要均线、前期低点等。当股价接近或触及这些支撑位时，可能会引发买盘，支撑股价反弹 ·**主力吸筹：**主力资金在低位大量买入股票，从而带动股价反弹 　主力可能认为某只股票在低位具有投资价值，于是开始悄悄吸筹。随着主力买入量的增加，股价逐渐反弹 ·**利好消息刺激：**公司发布利好消息，如业绩超预期、获得重大合同等，刺激股价反弹

主力行为	监控标准	主力意图
撑杆跳高 平台跳水	（1）最近连续15分钟有成交（考察样本） （2）对于A股和B股，最近不超过5分钟的时间内，上涨（下跌）幅度达到2%，而在此之前的10多分钟内振幅不超过1.2% （3）对于板块指数，最近不超过5分钟的时间内，上涨（下跌）幅度达到0.8%，而在此之前的10多分钟内振幅不超过0.4% （4）上述涨（跌）幅不少于振幅的2倍 （5）5分钟内不重复报告 （6）揭示格式：最近不超	**撑杆跳高信号** · **突发利好消息**：公司可能发布了重大的利好消息，如业绩大幅增长、获得重要合同、新产品研发成功等，吸引大量买盘涌入，导致股价瞬间大幅上涨 · **主力资金强力拉升**：主力机构可能决定在短时间内迅速拉高股价，以吸引市场关注，制造活跃的交易氛围，或者为后续出货操作创造有利条件 · **板块联动效应**：所属板块中的其他个股出现重大利好或集体上涨，带动该股票价格快速上扬 · **市场情绪极度乐观**：在市场整体情绪高涨、做多氛围浓厚的情况下，少量的买盘就可能推动股价大幅上涨 **平台跳水信号** · **突发利空消息**：公司公布了负面消息，如业绩亏损、重大诉讼、高管违规等，引发投资者恐慌

主力行为	监控标准	主力意图
	过5分钟的上涨（下跌）累计幅度	性抛售，导致股价快速下跌 ·**主力资金出货**：主力在前期已经将股价拉高，积累了大量获利筹码，此时选择集中抛售，造成股价急剧下跌 ·**板块调整**：所属板块整体走弱，受板块拖累，个股股价也随之快速下跌 ·**市场恐慌情绪蔓延**：市场出现系统性风险或宏观经济数据不佳等因素，引发投资者的恐慌情绪，导致大量股票被抛售，股价普遍下跌
单笔冲涨 单笔冲跌	（1）最近连续3分钟有成交 （2）单笔成交量达到100手且单笔成交额达到5万元 （3）单笔价格在上一笔基	**单笔冲涨信号** ·**试盘行为**：主力可能通过一笔较大的买单将股价快速拉高，以测试上方的抛压情况。如果抛压较小，主力可能会采取进一步行动推动股价上涨；如果抛压较大，主力可能会暂时观望或选择调整策略

主力行为	监控标准	主力意图
	础上的上涨（下跌）的绝对值达到昨收的2% （4）3分钟内不重复报告 （5）揭示格式：单笔价格在上一笔基础上的波动幅度	·**吸引市场关注**：快速拉高股价引起市场的注意，吸引更多投资者跟风买入，为主力后续操作创造有利条件 ·**制造多头氛围**：营造股价上涨的假象，增强市场对股票的看多情绪，便于主力在后续的交易中出货或进行其他操作 　主力通过单笔冲涨，让投资者认为股票即将启动上涨行情，纷纷跟风买入，而主力则可能借机出货 **单笔冲跌信号** ·**打压股价吸筹**：主力通过一笔较大的卖单将股价迅速打压下来，制造恐慌情绪，迫使散户投资者抛售股票，以便主力在低位吸纳更多的廉价筹码 ·**出货意图**：主力可能已经在高位获利丰厚，通过单笔大幅抛售来快速降低仓位，实现出货的目的

主力行为	监控标准	主力意图
		· **洗盘手段**：通过快速打压股价，清洗掉不坚定的持仓者，提高市场平均成本，为后续的拉升减轻压力 主力可能在股价上涨的过程中，突然用一笔大单将股价打压下来，让短线获利的投资者出局，留下坚定的长期投资者
区间放量（涨） 区间放量（跌） 区间放量（平）	（1）最近连续15分钟有成交（考察样本） （2）以前面12分钟的分钟成交均量为基础，最近3分钟的每分钟成交量都不低于该均量的3倍，并且最近3分钟的分钟均量达到该均量的6倍 （3）3分钟内不重复报告 （4）揭示格式：3分钟均	**区间放量（涨）** · **资金积极介入**：表明主力资金在该时间段内积极买入，推动股价上涨，显示出主力对股票的看多态度和强烈的做多意愿 · **突破关键阻力**：放量上涨可能是股价突破重要阻力位的表现，如突破前期高点、均线压力等，预示着股价有望继续上涨 · **市场跟风效应**：放量上涨可能吸引更多的投资者跟风买入，进一步推动股价上涨，形成良性循环

主力行为	监控标准	主力意图
	量倍数，3分钟上涨（下跌）累计幅度（平盘无）	**区间放量（跌）** · **主力出货**：主力可能在大量抛售股票，导致股价下跌，通常是主力获利了结或者对股票后市看空的表现 · **利空消息影响**：可能是公司出现了负面消息，如业绩下滑、重大诉讼等，导致主力和其他投资者纷纷抛售，从而放量下跌 · **打压股价吸筹**：主力故意打压股价，造成放量下跌的恐慌局面，以便在更低的价位收集筹码 **区间放量（平）** · **多空分歧较大**：在这个区间内，买卖双方的力量相对均衡，导致股价波动不大，但成交量较大，说明市场存在较大的分歧 · **主力换仓**：主力可能在调整仓位，将部分股票卖出，同时买入其他股票，导致成交量放大但股价平稳 主力可能认为某些板块或个股的投资价值发生

主力行为	监控标准	主力意图
		了变化，从而在区间内进行大规模的调仓操作 ·**筹码整理**：主力通过在一定价格区间内的大量交易，使筹码分布更加集中，为后续行情做准备
大单托盘 大单压盘 大单锁盘	（1）一个价位上的委托数量达到所有价位平均委托数量的4倍，且达到最近5分钟每分钟平均成交的3倍，委托金额达到500万元的最优价位入选 （2）如果在买盘方，则为托盘；在卖盘方，则为压盘；双方都有，则为锁盘 （3）托盘/压盘揭示格	**大单托盘信号** ·**稳定股价**：主力通过在买盘位置挂出巨额买单，防止股价过度下跌，向市场传递股价下方有较强支撑的信号，以稳定投资者的信心 ·**诱多出货**：主力有时在股价上涨一定幅度后，通过大单托盘制造股价坚挺的假象，以吸引散户跟风买入，而主力则趁机出货 假设股价已经上涨了一段时间，主力在相对高位挂出大单托盘，同时在小单上逐步卖出手中的筹码 ·**建仓吸筹**：在股价下跌过程中，主力可能利用

主力行为	监控标准	主力意图
	式：价位价格/价位数量 （4）锁盘揭示格式：卖方价位价格/买方价位价格	大单托盘，减缓股价下跌的速度，以便在较低价位吸纳更多的筹码 **大单压盘信号** ·**控制股价上涨节奏：**主力可能不希望股价上涨过快，通过在卖盘位置挂出大单，压制股价上涨，以达到洗盘、吸筹或等待更好的拉升时机等目的 ·**出货：**在股价处于相对高位时，主力通过大单压盘制造股价上攻乏力的假象，引发投资者恐慌抛售，从而实现吸筹 ·**测试市场抛压：**主力通过大单压盘观察市场的反应，了解上方的抛压情况，为后续操作提供参考 **大单锁盘信号** ·**高度控盘：**表明主力对该股的控盘程度较高，通过控制买卖盘的挂单，维持股价在一定范围内波动

主力行为	监控标准	主力意图
		·**等待时机**：主力可能在等待某些特定的消息或市场条件，暂时锁定股价，等待合适的时机再进行操作
竞价试买 竞价试卖	（1）指利用开盘集合竞价前5分钟可以撤单的规则，挂出价格偏离昨收较多的委托单并进行撤单，以试探跟风、抛压等市场反应 （2）试买为有明显的撤销买单行为；试卖为有明显的撤销卖单行为 （3）根据盘口信息估算 （4）揭示格式：试盘价格/试盘数量	**竞价试买信号** ·**测试市场反应**：主力通过在竞价阶段少量买入，观察市场中其他投资者的反应，包括跟风买入的意愿和卖方的压力，以评估市场对该股票的关注度和潜在的上涨动力 ·**收集筹码的前奏**：可能是主力计划大规模买入筹码的初步试探，通过试买了解当前的筹码分布和价格敏感度，为后续的大规模建仓做准备 　假设主力对某只股票有长期的布局计划，会先在竞价阶段进行小规模的试买，以确定合适的买入时机和价格区间 ·**制造市场热度**：即使试买的数量不多，但可能会引起其他投资者的注意，营造出一种股票有资

主力行为	监控标准	主力意图
		金关注的氛围，吸引更多的跟风盘

竞价试卖信号

·**试探市场承接力：**主力在竞价阶段挂出一定数量的卖单，以测试下方买盘的承接力量，判断在当前价格水平下，市场是否有足够的资金愿意买入，从而为后续的出货或打压股价操作提供参考

·**诱导投资者恐慌：**试卖可能会让投资者误以为主力在大量抛售，从而引发恐慌情绪，导致其他投资者跟风卖出，主力则可以借机低价吸筹或为后续的打压股价创造条件

·**调整仓位的前期动作：**主力可能通过试卖来调整手中的仓位结构，为后续的投资布局进行铺垫

主力行为	监控标准	主力意图
竞价对倒 竞价拉升 竞价打压	（1）竞价对倒，指在开盘集合竞价期间，匹配价格波动不大，但是匹配量增加较多 （2）竞价拉升，指在开盘集合竞价期间匹配价格上涨 （3）竞价打压，指在开盘集合竞价期间匹配价格下跌 （4）揭示格式：最后2分钟的价格变动幅度/最后2分钟的匹配增加量	**竞价对倒信号** ·**制造活跃假象**：主力通过在竞价阶段自买自卖，即一方卖出的同时另一方买入，造成成交量放大的表象，给市场传递出股票交易活跃的错误信号，吸引投资者关注 ·**影响开盘价**：通过对倒操作来影响股票的开盘价，使其朝着主力期望的方向变动，为后续交易创造有利条件 ·**误导投资者判断**：让投资者误以为有大量资金在买入或卖出，从而误导他们做出错误的投资决策 **竞价拉升信号** ·**吸引跟风盘**：主力在竞价阶段将股价快速拉高，吸引其他投资者在开盘后跟风买入，以便主力在后续的交易中出货或者进一步推升股价 ·**显示做多决心**：向市场展示主力对股票的积极态度，增强投资者的信心，吸引更多资金参与

主力行为	监控标准	主力意图
		· **突破关键价位**：有时主力通过竞价拉升直接突破重要的技术压力位或心理价位，引发市场的关注和跟风 **竞价打压信号** · **制造恐慌情绪**：在竞价阶段压低股价，引发投资者的恐慌，促使他们在开盘后低价抛售股票，主力能够低价吸筹 · **降低持仓成本**：如果主力已经持有一定数量的股票，通过竞价打压股价，可以在低位摊薄买入成本。主力先在高位卖出部分股票，然后在竞价时打压股价，再在低位买回，降低整体持仓成本 · **洗盘**：将不坚定的投资者洗出局，为后续的拉升减少阻力

主力行为	监控标准	主力意图
逼近涨停 逼近跌停	（1）即将接近涨停或跌停 （2）揭示格式：对手盘最优价/已知的对手盘剩余总量	**逼近涨停信号** ·**强烈做多意愿：**表明主力有强烈的意愿将股价推向涨停，可能是因为主力对公司未来发展有极大的信心，或者有重大利好消息即将公布 ·**吸引市场关注：**引起市场投资者的注意，吸引更多资金跟风买入，进一步推升股价 当一只股票快速逼近涨停时，往往会吸引众多投资者的目光，激发他们的买入欲望 ·**出货前奏：**有时主力会先将股价逼近涨停，营造出强势上涨的氛围，然后在涨停板附近悄悄出货。主力通过快速拉高股价吸引跟风盘，然后在高位逐步卖出手中的筹码 ·**试盘行为：**测试上方的抛压和市场的跟风情况，为后续操作提供参考。主力可能通过逼近涨停来观察市场的反应，判断继续拉升的阻力大小

主力行为	监控标准	主力意图
		主力逼近跌停 ·**强烈做空意愿**：显示主力看空该股票，可能认为公司存在重大问题或行业前景不佳 ·**制造恐慌情绪**：引发投资者的恐慌，促使他们纷纷抛售股票，主力则可能在低位接盘。股价逼近跌停会让投资者感到恐慌，担心股价进一步下跌而选择卖出，主力借机收集廉价筹码 ·**洗盘手段**：通过大幅打压股价，将不坚定的投资者洗出局，以减轻后续拉升的压力 主力故意将股价逼近跌停，让那些心理素质较差的投资者离场，留下坚定的持有者 ·**止损操作**：主力可能之前的操作出现失误，为了减少损失，选择尽快卖出股票，导致股价逼近跌停

主力行为	监控标准	主力意图
封涨停板 封跌停板	（1）封板指股票当日涨幅达到±10%（ST特别处理为±5%，科创板和创业板为±20%，北交所为±30%），且无对手盘 （2）揭示格式：停板价/封板量	**封涨停板信号** ·**强烈看多信号**：表明主力极度看好该股票，愿意用大量资金买入以维持涨停状态，显示出对股价后市持续上涨的强烈信心 ·**吸引市场关注与跟风**：涨停板能吸引众多投资者的目光，激发市场的跟风买入情绪，从而进一步推动股价上涨。当一只股票被主力封涨停后，会引起市场的广泛讨论和关注，吸引更多投资者参与，可能推动股价继续攀升 ·**收集筹码**：通过涨停板制造强势局面，让散户投资者难以买入，而主力则可以在低位充分吸筹，为后续的控盘和拉升做准备。主力在底部区域封涨停板，使得散户无法在低价买入，同时自己在低位吸纳更多的筹码 ·**提高出货价格**：如果主力已经在前期积累了一定的获利筹码，封涨停板可以提高市场对股价的预期，为后续在更高价位出货创造有利条件。主

主力行为	监控标准	主力意图
		力先将股价拉升，然后通过封涨停板营造强势氛围，吸引更多投资者追高买入，自己则在高位逐步出货 **封跌停板信号** ·**强烈看空信号**：意味着主力对该股票极度悲观，不惜以大量卖单封死跌停，预示股价可能还有较大的下跌空间 ·**制造恐慌情绪**：跌停板会引发投资者的恐慌，促使他们纷纷抛售股票，主力借此实现快速出货或者打压股价，以在更低位置吸筹。当股票被封在跌停板时，投资者往往担心股价继续下跌而恐慌性抛售，主力则可顺势打压股价或收集廉价筹码 ·**套牢散户**：将股价封在跌停板上，使得之前买入的散户无法卖出，从而套牢他们，减少市场上的浮动筹码，便于主力后续控盘。主力通过封跌停板，让散户无法止损出逃，增加散户的持仓成本和心理压力

主力行为	监控标准	主力意图
		· **逼出其他主力或大户**：如果一只股票存在多个主力或大户，一方主力可能通过封跌停板来打压股价，逼迫其他主力或大户离场
封涨大减 封跌大减	（1）大减指封板后，距离封单量（集合竞价时为匹配+未匹配）最高值减少80% （2）揭示格式：停板价/封量	**封涨大减信号** · **做多意愿动摇**：可能意味着主力原本强烈的做多意愿开始减弱，对股价继续大幅上涨的信心不足 · **吸引散户接盘**：主力减少封涨停的资金量，可能是想制造一种涨停板即将打开的假象，吸引散户投资者在涨停板附近买入，以便主力趁机出货。假设主力已经在前期积累了较多的获利筹码，则通过封涨大减来诱导散户追高接盘，实现获利了结 · **测试抛压**：通过减少封单，观察市场上的抛压情况，如果抛压不大，主力可能会继续维持股价上涨；如果抛压较大，主力可能会重新评估后续

主力行为	监控标准	主力意图
		的操作策略

封跌大减信号

·**做空力量减弱**：表明主力强烈的做空意愿有所缓和，可能认为股价已经下跌到了一个相对合理的位置，或者市场的恐慌情绪已经得到了一定程度的释放

·**诱使抄底资金入场**：主力减少封跌停的力度，可能是想吸引一些抄底资金进入，从而缓解跌停板上的卖压，为后续的股价反弹或稳定创造条件。当封跌大减时，部分投资者可能会认为股价即将止跌反弹，从而买入股票，主力则可以借此减轻抛压或者调整仓位

·**筹码交换需求**：通过减少封跌停的力度，让部分筹码在相对较低的价格进行交换，主力可能在低位收集筹码或者为后续的操作做准备

主力行为	监控标准	主力意图
打开涨停 打开跌停	（1）今日封板后打开，有对手盘 （2）揭示格式：对手盘最优价/已知的对手盘剩余总量	**打开涨停信号** ·**出货意图**：主力可能已经在涨停价位积累了足够的获利筹码，通过打开涨停板进行出货，将股票卖给追涨的投资者 ·**释放获利盘压力**：涨停板上积累了较多的获利盘，主力打开涨停让部分获利盘出局，以减轻后续上涨的压力。部分投资者在涨停板上选择获利了结，主力顺势打开涨停，让筹码进行交换，提高市场平均成本 ·**洗盘操作**：通过打开涨停制造股价不稳定的假象，把不坚定的投资者洗出去，以便后续更轻松地拉升股价。主力在打开涨停后，可能会造成股价的短暂回调，让那些信心不足的投资者卖出股票 ·**市场分歧加大**：主力与其他资金对股票的后市看法产生分歧，导致涨停被打开 可能有其他主力或大户认为股价已经高估，选

主力行为	监控标准	主力意图
		择在涨停板卖出，从而打破了主力的封板

打开跌停信号

· **吸筹**：主力认为股价已经跌到了具有投资价值的区域，通过打开跌停板来吸收恐慌性抛盘，获取廉价筹码

· **自救行为**：如果主力在前期股价高位时介入较深，当股价跌停后，为了避免更大的损失，可能会尝试打开跌停，以提振股价。主力为了减少持仓的亏损，通过打开跌停来吸引买盘，缓解股价下跌的趋势

· **诱多**：制造股价即将反弹的假象，吸引投资者买入，然后再次打压股价。主力短暂打开跌停，让一些投资者误以为股价即将反转，从而买入，随后主力可能继续出货，导致股价再次跌停

· **释放流动性**：跌停板上的卖单堆积过多，导致交易停滞，主力打开跌停以恢复市场的流动性

手力行为

手力的数值

- **终值落出为主**：手力分布在每次举起抻出的终点，并明示手力可维持较高，对实所抻的本抻力要较强。

- **限价过渡连续**：限价在举中进行前了逐步需要推手压动至力，上提为力，且在关键性抻拉不实持位的防时若被重的压力位，应再结合自调强控擦重量的本持支抻价选尽有力的本持。

- **着重底端**：每次抻底质压底位，即最为举手分将护紧抻稳应置，画生举手力举护有明显要度等方。被们惯好所施动，必须有明显显的紧要度分，只必出手力持效连分度。

- **动作联动关系**：所固接抻中的其每个联持运动，可能提底件各抻连为，即要会分于手力持效的整体强。

连接标准

(1) 每对连接本有对不最值激的限速擦度其次达到 ±5%/±7%/±9%, 进行项筹。

(2) 如质耳接连到发质抻后度，耳接连擦抻底的抻度，被底的抻底度其接报。

(3) 正向和各向分别各擦一次，前期连接的，各摇擦一次，并且几并未速顶抻。

(4) 每对抻连度和有对不最值超速抻连度，对于同一个擦重，其只摇擦一次。

(5) 摇示格式：每要抻度
每中值擦
每中擦擦

主力行为	监控标准	主力意图
		盘中强势信号 ·**资金流入积极**：主力资金在盘中大量净流入，显示主力在积极买入股票，对股价形成有力的支撑 ·**股价走势强劲**：股价在盘中持续上涨，突破重要的阻力位，或者在大盘下跌时表现出抗跌性，股价稳步攀升，不断创出新高，或者在市场回调时跌幅较小，都表明主力在积极维护股价 ·**成交量放大**：成交量明显放大，且伴随着股价的上涨，反映出主力在积极交易，吸引市场上的跟风资金。大量的买盘推动成交量增加，同时股价也随之上涨，显示出主力做多的决心 ·**板块引领作用**：在所属板块中起到引领上涨的作用，带动其他个股跟涨，表明主力对该板块和个股的掌控力较强。当这只股票率先上涨，并带动整个板块的其他股票纷纷上扬时，说明主力的操作对板块具有较大影响力

2. 竞价主力监控的作用

· 发现潜在机会

通过观察竞价主力监控数据的提示，如果发现某只股票在竞价阶段有明显的主力买入迹象，如成交量显著放大、价格快速上升，可能意味着主力对该股票有较大的兴趣和信心，有望在开盘后推动股价上涨。投资者可以将其列为重点关注对象，等待开盘后的进一步走势确认后，考虑是否介入。

· 规避风险

如果在竞价阶段发现主力大量卖出，导致股价大幅低开或快速下跌，这可能是主力出货的迹象，预示股票在当天可能面临较大的下行压力。投资者可以提前做好风险防范，避免盲目买入或考虑及时止损。

· 辅助决策

结合其他技术分析工具和基本面分析，竞价主力监控数据可以为投资决策提供补充依据。如果一只股票基本面良好，技术形态也显示上涨趋势，同时竞价阶段有主力买入，那么投资的胜算可能会更高。

· 验证判断

如果投资者之前对某只股票有自己的判断和预期，竞价主力监控数据可以用来验证自己的观点。如果预期股价上涨且竞价阶段主力买入，就增强了判断的准确性；反之，如果预期与竞价表现不符，可能需要重新审视自己的判断。

3. 竞价主力监控实战分享

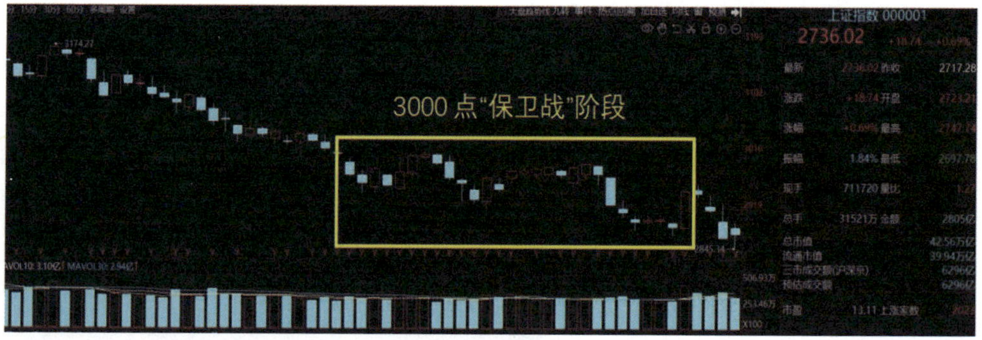

市场背景：2024年6月21日—2024年7月29日，上证指数再次跌破3000点，新一轮的3000点"保卫战"正式打响。这个阶段在市场权重交替护盘的情况下，市场成交量还是日渐萎缩，指数也在震荡下行，整个市场都处于混沌阶段。

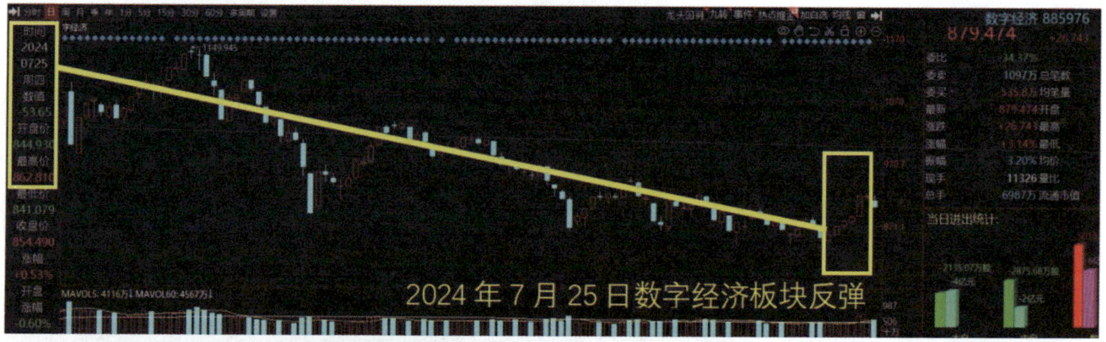

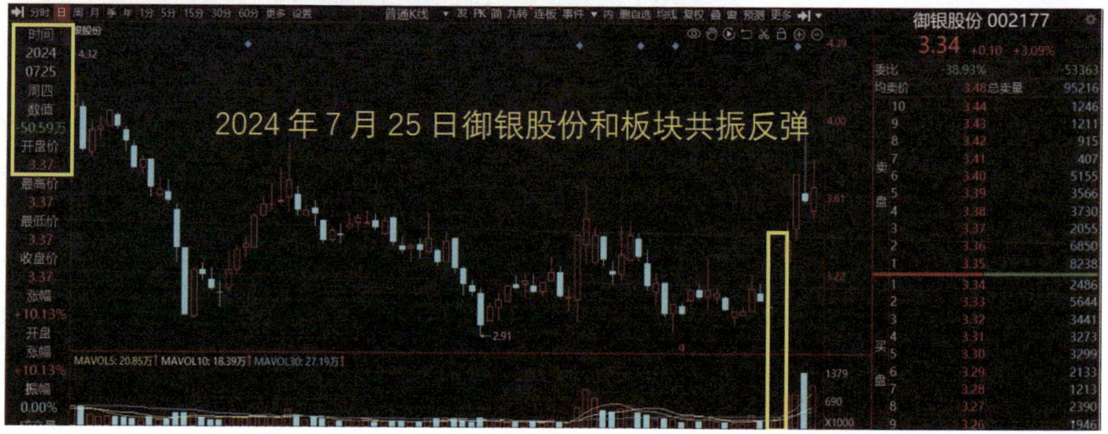

板块背景：2024年7月25日，数字经济板块开始反弹，同期御银股份强势涨停。再加上市场从2024年7月8日开始，大众交通开始起涨，走出了翻倍的行情，带领市场的短线情绪回升，这个时候御银股份就被部分短线炒作资金成功标记了。

个股背景： 2024年7月29日集合竞价期间，御银股份出现以当日涨停价3.73元挂36715手的竞价试买单。作为前期被短线资金标记的个股，御银股份开盘后半小时内被资金迅速拉升至涨停。

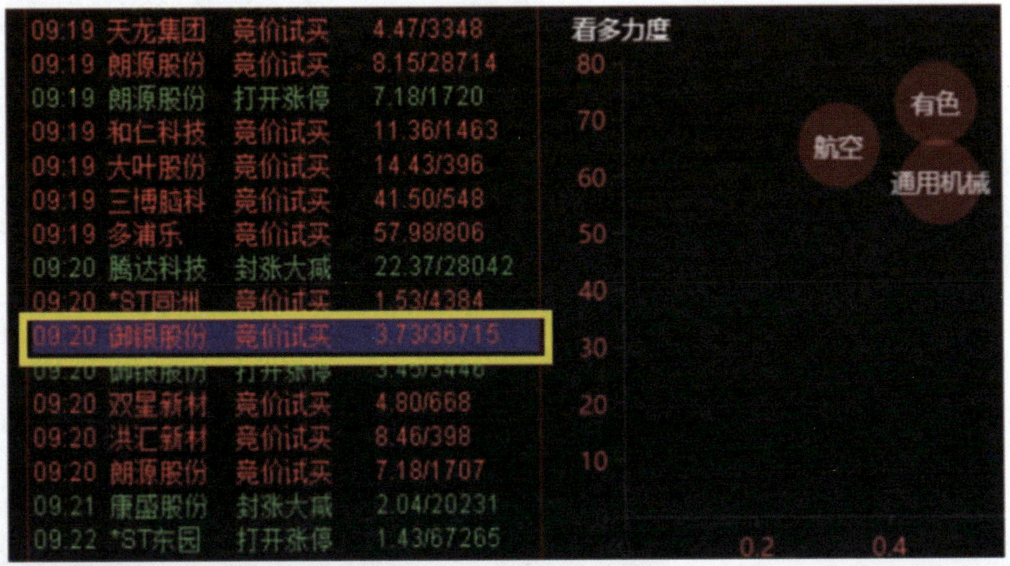

上篇 竞价分析盘面

▶▶ 三、板块竞价热点功能介绍

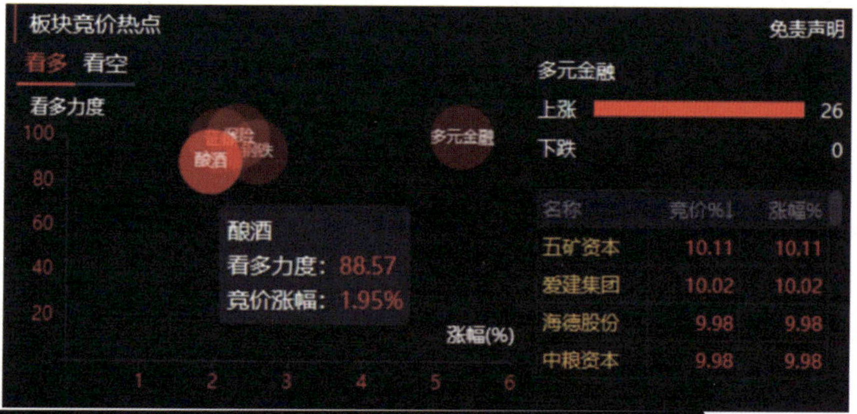

1. 什么是板块竞价热点

板块竞价热点是指在集合竞价阶段，受到市场资金关注、表现活跃且具有一定热度的板块。

集合竞价阶段是市场资金对板块和个股热度的测试阶段，可以反映出当天市场对各个板块的态度是一致看多还是存在分歧。

2. 板块竞价热点实践应用

板块竞价热点在功能盘面中可以分为看空和看多，下面演示看多操作，看空操作以此类推。

第一步：点击看多按钮

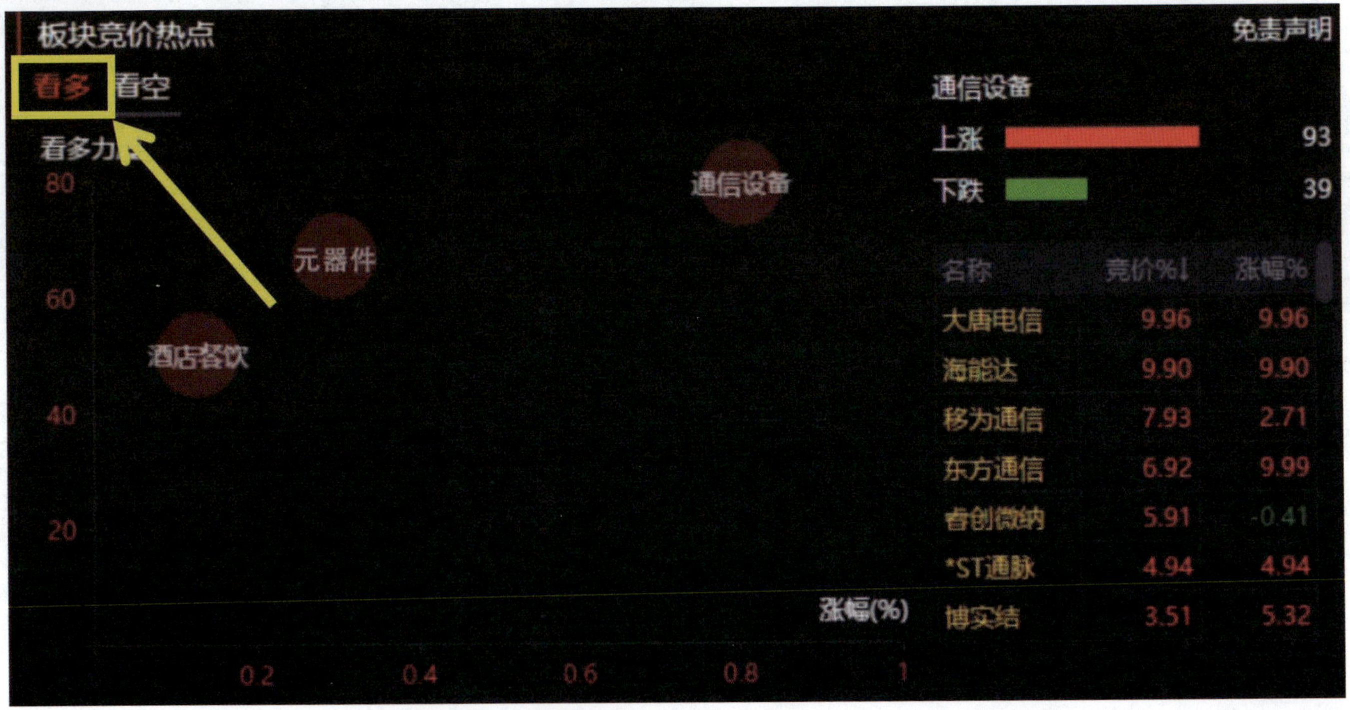

第二步：分析看多强度

看多强度由X轴（板块涨幅）和Y轴（看多力度）两个数据共同组成。在图中的板块综合强度判断为：越靠近右上方的板块，当天集合竞价期间的看多强度就越大。

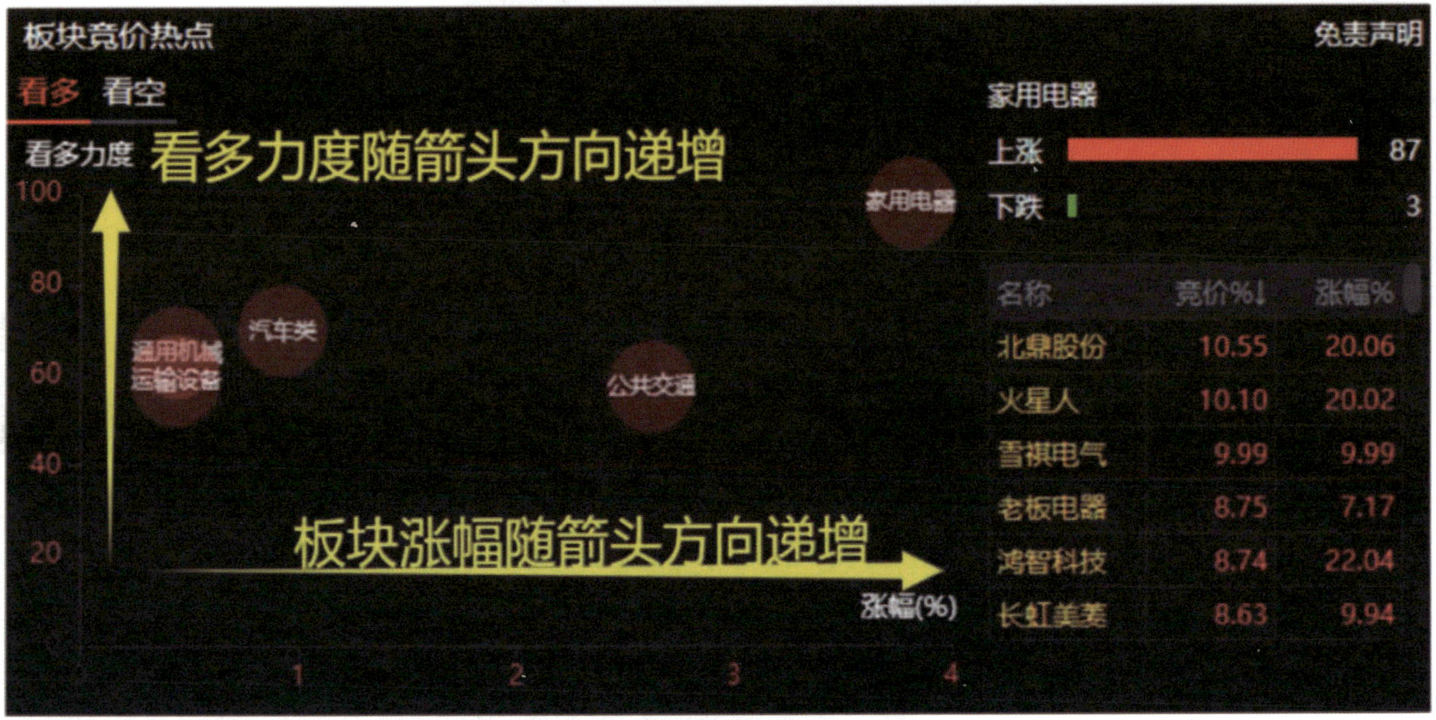

第三步：查看看多板块成分股

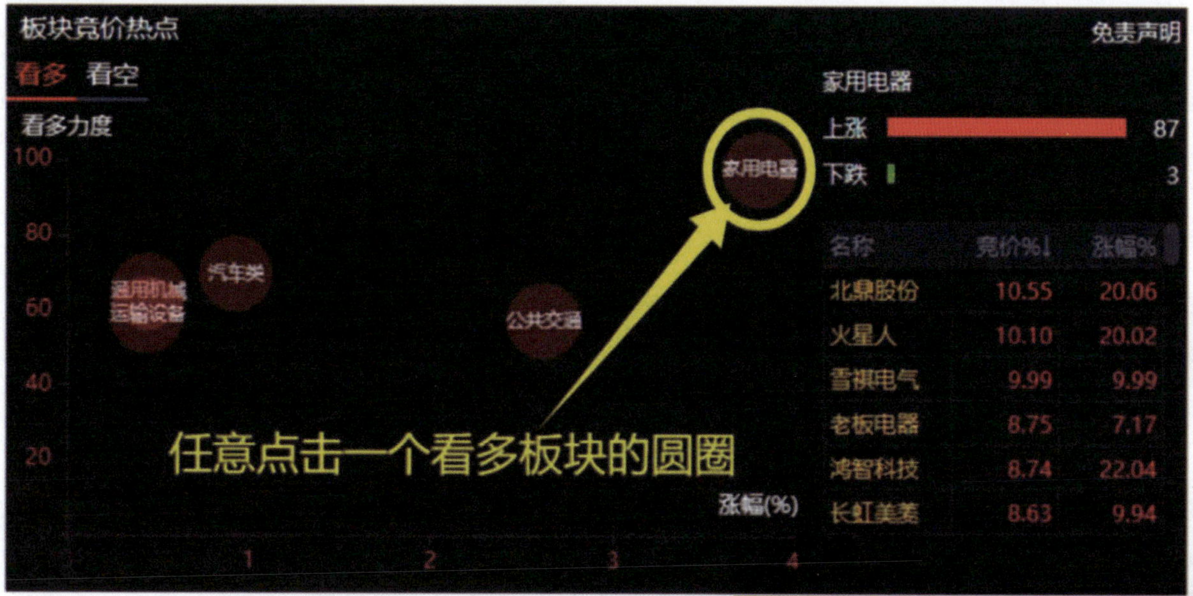

板块竞价热点 免责声明

看多 看空

看多力度

家用电器

| | 上涨 | 87 |
| | 下跌 | 3 |

名称	竞价%↓	涨幅%
北鼎股份	10.55	20.06
火星人	10.10	20.02
雪祺电气	9.99	9.99
老板电器	8.75	7.17
鸿智科技	8.74	22.04
长虹美菱	8.63	9.94

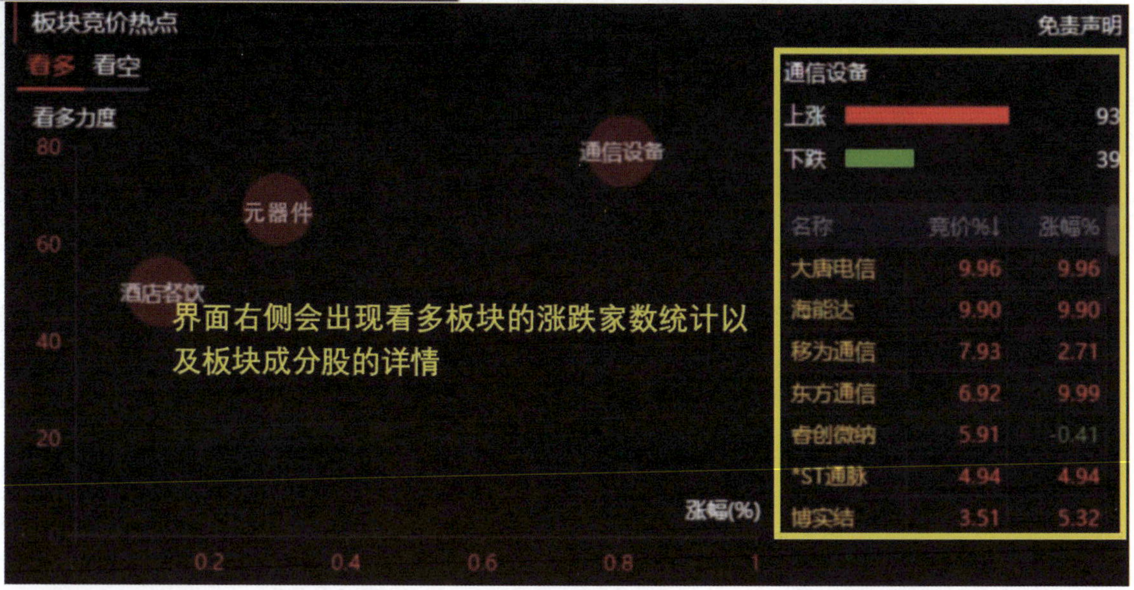

任意点击一个看多板块的圆圈

板块竞价热点 免责声明

看多 看空

看多力度

通信设备

| | 上涨 | 93 |
| | 下跌 | 39 |

名称	竞价%↓	涨幅%
大唐电信	9.96	9.96
海能达	9.90	9.90
移为通信	7.93	2.71
东方通信	6.92	9.99
春创微纳	5.91	-0.41
*ST通脉	4.94	4.94
博实结	3.51	5.32

界面右侧会出现看多板块的涨跌家数统计以及板块成分股的详情

3. 板块竞价热点实战分享

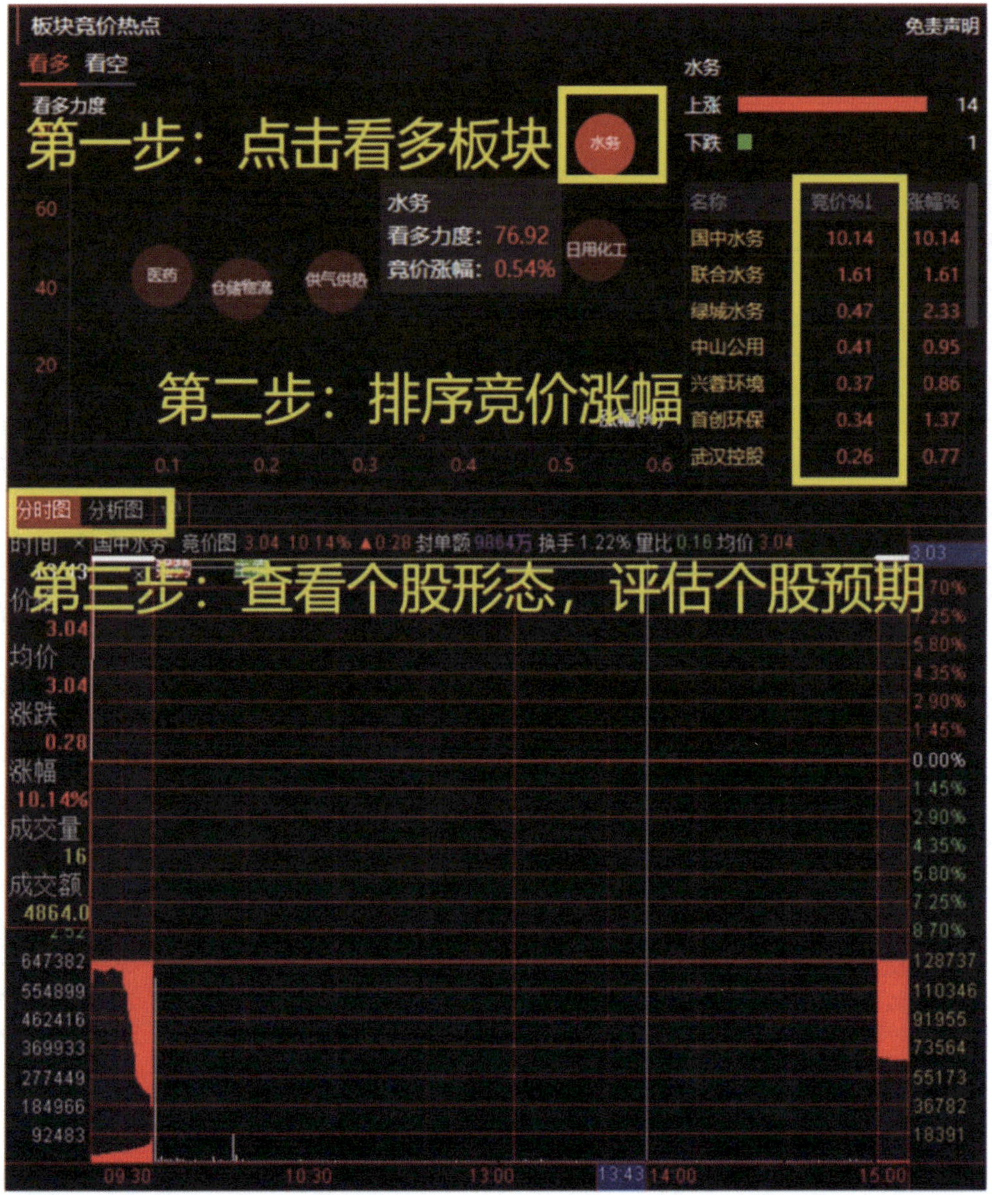

四、市场列表功能介绍

	代码	名称		涨幅%
1	881396	多元金融 跳高		6.52
2	881262	电池		2.15
3	880868	高贝塔值	■	2.16
4	881065	普钢		3.61
5	881069	特钢		-0.03
6	880220	福建板块		2.27
7	881395	保险		2.54
8	880642	供销社	■	2.27
9	880877	户数减少	■	1.27
10	881200	一般零售		2.93
11	881394	证券		2.31
12	881427	体育		2.44
13	881071	工业金属		1.53
14	880622	破增发价	■	1.63

	代码	名称		涨幅%	开盘%	现价
1	920099	N瑞华	R	28.47	26.32	24.41
2	688115	思林杰	K	20.00	20.00	25.80
3	300072	海新能科	R	20.00	20.00	3.00
4	300085	银之杰	R	19.97	19.97	18.98
5	839719	宁新新材	R	6.34	12.95	8.05
6	000717	中南股份	R	10.23	10.23	2.37
7	600390	五矿资本	R	10.11	10.11	5.01
8	601933	永辉超市	R	10.08	10.08	2.73
9	600881	亚泰集团	R	10.08	10.08	1.42
10	000761	本钢板材	R	7.09	10.07	2.87
11	600198	大唐电信		-9.95	10.05	8.42
12	000906	浙商中拓		10.04	10.04	5.37
13	603988	中电电机 速升		4.40	10.03	14.47
14	002693	双成药业		10.03	10.03	12.29
15	600643	爱建集团	R	10.02	10.02	4.94

上证 2900.67　37.54　1.31%　4542亿　创业 1647.34　32.02　1.98%　2423亿　科创 670.10　3.05　0.46%　458.2亿　上海双线主站5

1. 什么是市场列表

市场列表是一个综合性的展示和分析模块，旨在为投资者提供全面、准确且实时更新的 A 股市场板块及个股信息。市场列表功能分为两个区域，一个是板块，一个是个股。

其中板块区域包含以下功能区域。

功能区域一：市场上所有目前和未来新增的概念板块、行业板块、风格板块、地区板块以及从统计维度来划分成分股的统计板块

	代码	名称		涨幅%	开盘%↓
1	881194	厨卫电器		7.54	6.58
2	881184	白色家电		6.65	5.48
3	880744	汽车拆解	▪	5.25	4.52
4	881215	商用车		5.20	4.01
5	880636	热泵概念	▪	4.00	1.69
6	881187	黑色家电		3.49	1.24
7	880719	地摊经济	▪	2.27	1.22
8	880767	电子纸	▪	2.95	1.21
9	881190	小家电		3.32	1.16
10	881198	家电零部件		4.40	1.15
11	880212	广东板块		2.26	1.07
12	880880	近期强势	▪	0.48	1.00
13	880214	宁夏板块		1.62	0.99
14	880632	动力电池回收		2.39	0.93
15	880792	基金增仓	▪	0.50	0.90
16	880951	新能源车	▪	2.14	0.87
17	880203	吉林板块		1.70	0.86
18	881212	乘用车		1.57	0.84

全部 行业 概念 风格 地区 统计　505　35　板块地图

功能区域二：市场涨跌板块数量统计

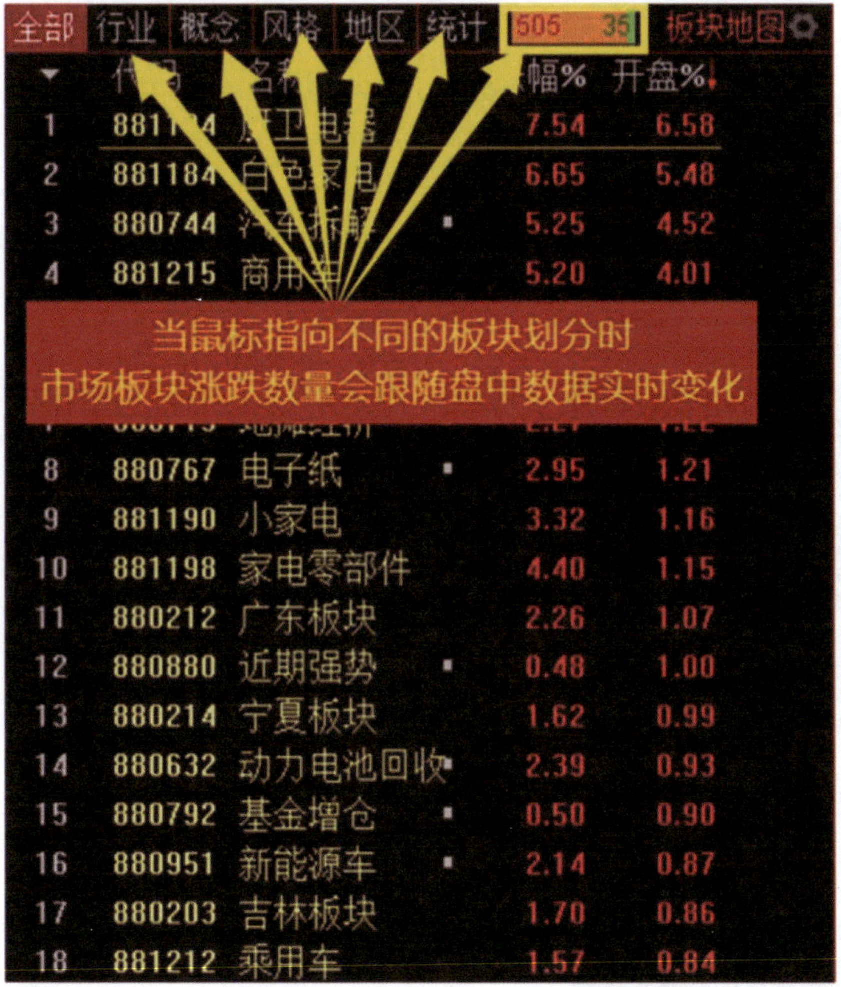

| | 全部 行业 概念 风格 地区 统计 | 505 | 35 | 板块地图 ⚙ |

	代码	名称		涨幅%	开盘%↓
1	881194	厨卫电器		7.54	6.58
2	881184	白色家电		6.65	5.48
3	880744	汽车拆解	▪	5.25	4.52
4	881215	商用车		5.20	4.01

当鼠标指向不同的板块划分时
市场板块涨跌数量会跟随盘中数据实时变化

8	880767	电子纸	▪	2.95	1.21
9	881190	小家电		3.32	1.16
10	881198	家电零部件		4.40	1.15
11	880212	广东板块		2.26	1.07
12	880880	近期强势	▪	0.48	1.00
13	880214	宁夏板块		1.62	0.99
14	880632	动力电池回收		2.39	0.93
15	880792	基金增仓	▪	0.50	0.90
16	880951	新能源车	▪	2.14	0.87
17	880203	吉林板块		1.70	0.86
18	881212	乘用车		1.57	0.84

功能区域三：板块地图

| | 全部 行业 概念 风格 地区 统计 | 505 | 35 | 板块地图 |

	代码	名称		涨幅%	开盘%↓
1	881194	厨卫电器		7.54	6.58
2	881184	白色家电		6.65	5.48
3	880744	汽车拆解	▪	5.25	4.52
4	881215	商用车		5.20	4.01
5	880636	热泵概念		4.00	1.69
6	88118				1.24
7	880715	缝纫纺织		2.27	1.22

鼠标点击板块地图

8	880767	电子纸	▪	2.95	1.21
9	881190	小家电	▪	3.32	1.16
10	881198	家电零部件		4.40	1.15
11	880212	广东板块		2.26	1.07
12	880880	近期强势		0.48	1.00
13	880214	宁夏板块		1.62	0.99
14	880632	动力电池回收		2.39	0.93
15	880792	基金增仓	▪	0.50	0.90
16	880951	新能源车	▪	2.14	0.87
17	880203	吉林板块		1.70	0.86
18	881212	乘用车		1.57	0.84

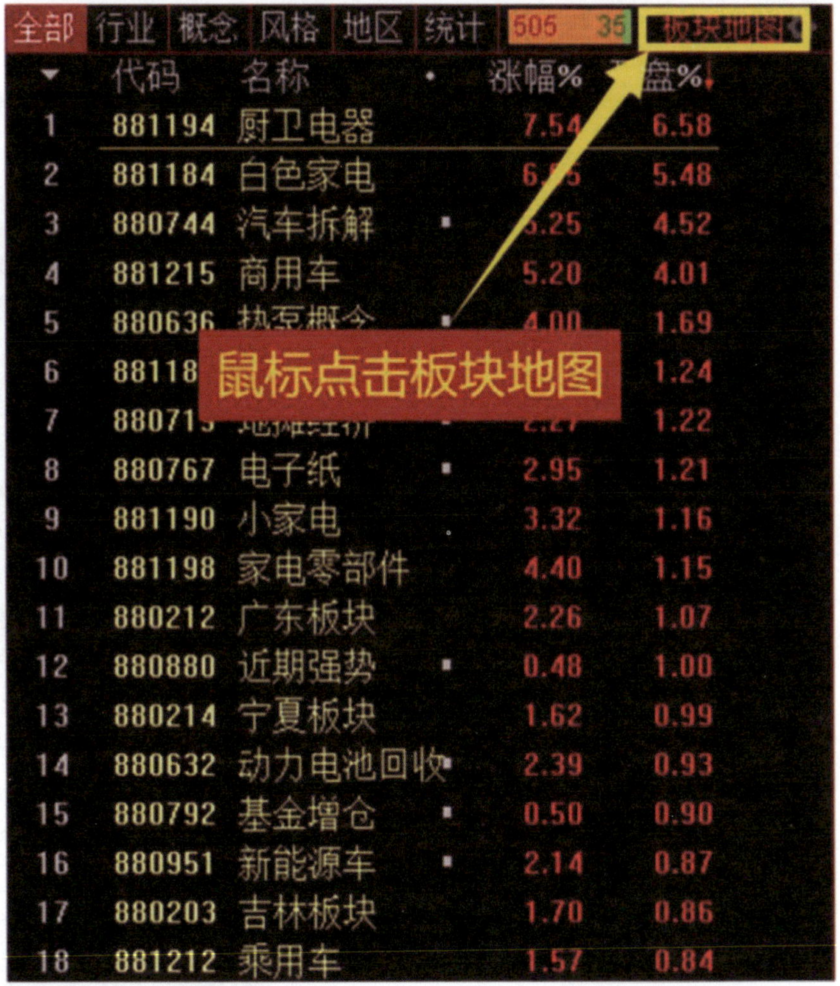

上篇 竞价分析盘面

行业板块地图

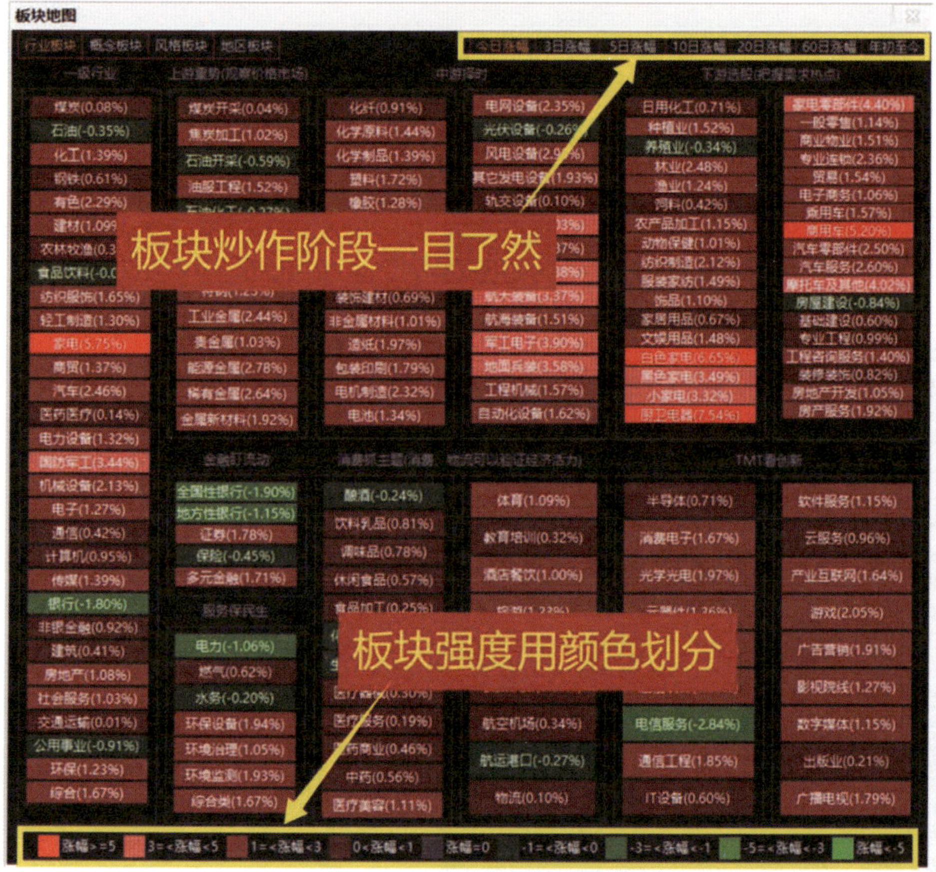

概念板块地图

47

风格板块地图

上篇 竞价分析盘面

其中个股区域包含以下功能区域。

功能区域一：重要数据表头设定

股票实时涨跌幅
可以点击一键排名
实时观测个股强度

个股开盘涨幅
可以点击一键排名
锁定股票开盘状态

个股开盘金额
可以点击一键排名
查看股票开盘成交金额

功能区域二：标注个股主力行为

同步主力监控数据

49

补充知识点

开盘成交金额在个股操盘中的意义。

·主力动向暗示

高额的开盘成交额可能暗示主力资金大规模介入或离场。主力的大笔买卖往往会对股价产生较大影响。

例如，开盘成交额是前一日日均成交额的数倍，且股价上涨，可能是主力在积极建仓。

·市场活跃度标志

较大的开盘成交额反映出市场对该股的交易兴趣浓厚，股票的流动性较好，便于投资者买卖。

例如，热门股的开盘成交额通常较大，吸引众多投资者参与交易。

·趋势确认辅助

在股价突破关键价位或形成新趋势时，较大的开盘成交额可以增加趋势确认的可靠性。

假设股票突破重要阻力位时伴随高额的开盘成交额，后续上涨趋势可能更稳固。

·支撑与阻力判断

开盘成交额集中的价格区域可能成为股价后续走势的重要支撑或阻力位。

例如，在某一价格区间开盘成交额巨大，当股价再次回到该区域时，可能会受到支撑或遇到阻力。

·多空力量对比

开盘成交额的大小和股价的涨跌关系，可以反映多空双方力量的对比。成交额大且股价上涨，多头占优；成交额大但股价下跌，空头占优。

例如，开盘成交额巨大但股价高开低走，显示空方力量较强。

开盘涨幅的意义。

·市场预期体现

显著的开盘涨幅表明市场对该股有较高的预期，可能是基于公司的利好消息，如业绩大幅增长、新产品推出、重大合作等。

例如，一家公司公布超预期的季报，开盘涨幅较大，反映市场对其未来盈利前景的乐观预期。

·短期走势指示

较大的开盘涨幅往往预示着短期内股价可能继续上涨，为短线交易者提供了潜在的盈利机会。但如果涨幅过大过快，也可能出现回调。

例如，一只股票连续多个交易日开盘涨幅较大且持续上涨，显示出较强的短期上升趋势。

·反映筹码分布

高开的幅度能在一定程度上反映筹码的分布情况。如果开盘涨幅较高且能维持，说明上方抛压较小，筹码相对集中在主力或坚定看多的投资者手中。

假如一只股票长期横盘后大幅高开，且全天维持高位，表明筹码锁定良好。

·对比板块强弱

通过与同板块其他个股的开盘涨幅比较，可以判断该股票在板块中的相对强弱地位，帮助投资者选择更具潜力的个股。

例如在新能源板块中，多数股票开盘涨幅在2%以内，而某只股票开盘涨幅达到5%，可能意味着它在板块中更受资金追捧。

将开盘涨幅和成交额结合起来制订交易策略时，可以考虑以下几个方面。

· 分析开盘涨幅

高开幅度：高开幅度较大（如超过 4%），可能意味着市场对该股票有较高的预期，但也需留意高开低走的风险。

与隔夜涨幅的关系：如果隔夜涨幅已经较大，而开盘继续高开，需谨慎看待，因为可能存在获利回吐的压力。

· 关注开盘金额

开盘金额大小：开盘金额较大，可能表示市场参与度高，主力资金介入较深。例如，成交量增加且价格上涨，说明买方力量较强，可以继续持有或增加持仓；成交量增加但价格下跌，可能意味着卖方力量较强，需要考虑减仓或平仓。

相对均值的变化：与过去几日的日均成交额相比，若集合竞价量比较大，说明市场关注度较高，对日内涨幅可能有积极影响。

· 综合考虑的因素

阶段 2 涨幅：如果在集合竞价阶段 2（9:20—9:25，该阶段无法撤单）涨幅较大，且价格相对平稳上升，可能是主力真实意图的体现，对日内涨幅有正向影响。

主力行为迹象：观察阶段 1（9:15—9:20，该阶段可以撤单）是否触及涨跌停。由于该阶段可撤单，触及涨停或跌停可能在一定程度上反映了主力的试盘行为。例如触及涨停的个股平均日内收益可能较低，而触及跌停的个股平均日内收益反而可能较高，那么阶段 1 涨跌停有较大概率是主力的引诱行为。

市场整体趋势：考虑市场的总体趋势。在市场整体向好的情况下，高开且成交额大的股票可能有更好的表现；而在市场整体向下时，需要更加谨慎。

股票基本面：包括公司的业绩、行业地位、财务状况等。良好的基本面可以为股票的上涨提供支撑。

风险控制：根据自己的风险承受能力，设定合理的止损点，以避免投资损失扩大。

例如，可以制订这样的简单交易策略：选择非ST、新股且开盘非涨跌停的股票，要求开盘价不高于一定阈值；集合竞价阶段2持续上行，且集合竞价量比不低于一定阈值。

▶▶ 五、分时图、K线图功能介绍

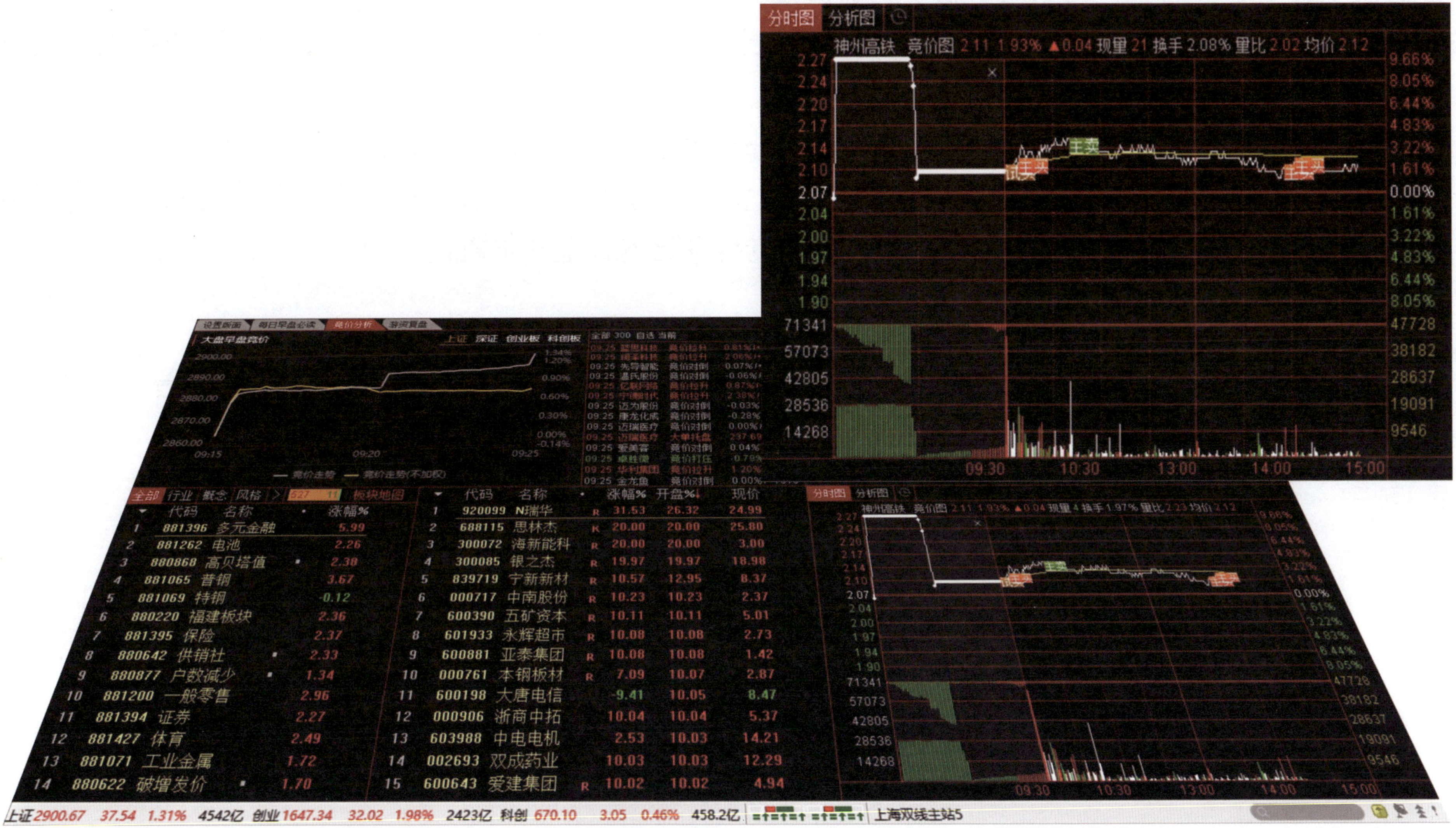

1. 什么是分时图、K线图

分时图是在股票交易过程中，反映股票价格实时走势的一种图表。

·分时图主要由以下几个部分组成

价格曲线：展示股票在每个时刻的成交价格变化，通常以折线或平滑曲线的形式呈现。

成交量柱：对应每个时间点的成交量大小，成交量柱的高度反映了交易的活跃程度。

坐标轴：包括时间轴和价格轴。

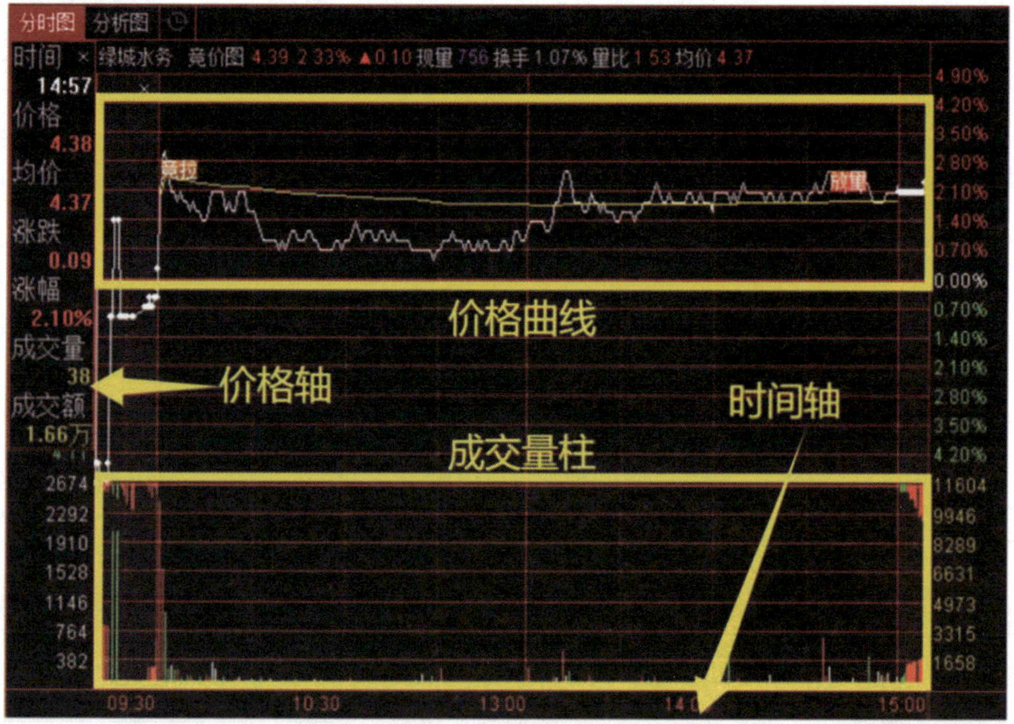

K线图又称蜡烛图，是一种常用的股票价格走势展示工具。K线图由一根根K线组成，每根K线包含了四个价格信息：开盘价、收盘价、最高价和最低价。

如果收盘价高于开盘价，一般表示为红色，K线通常称为阳线，表示股价在该时间段内上涨。实体部分的长度代表收盘价与开盘价之间的价差，价差越大，实体越长，说明上涨的力度越强。

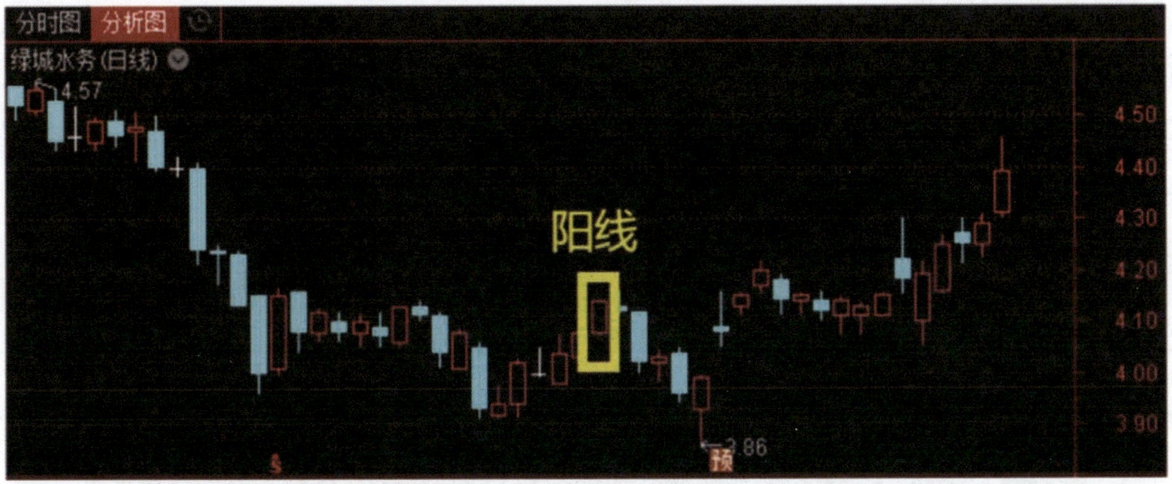

如果收盘价低于开盘价，一般表示为绿色，K线通常称为阴线，表示股价在该时间段内下跌。同样，实体部分的长度反映了下跌的幅度。

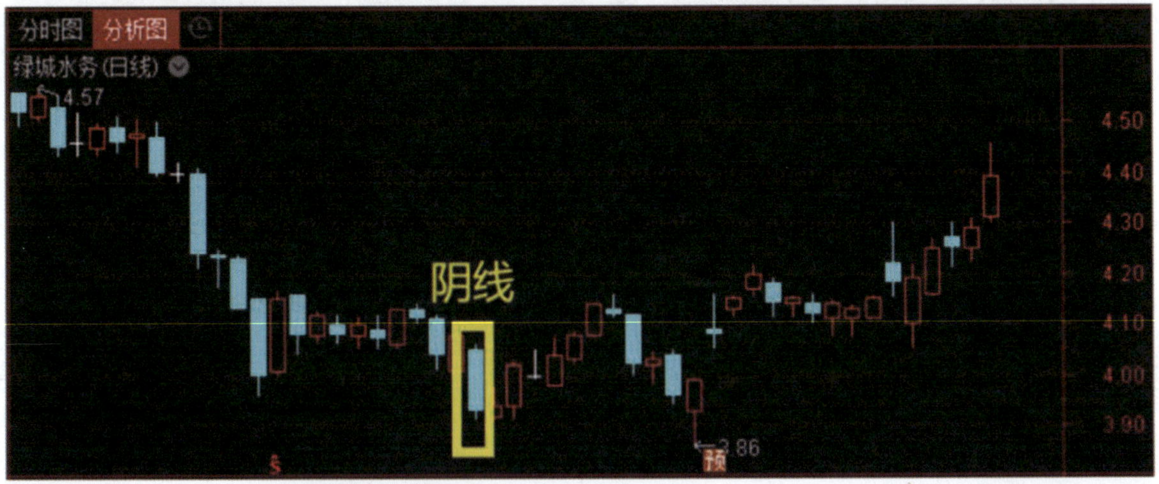

2. 分时图、K线图的作用

分时图的作用

· 观察价格走势与均线的关系

若价格线持续运行在均线上方，且均线呈上升趋势，通常是较强的上涨信号，可考虑买入；反之，价格线长期位于均线下方，且均线下行，可能是下跌趋势，应谨慎操作或考虑卖出。

· 关注成交量的变化

价格上涨且成交量显著放大，可能表明市场上买盘强劲，是积极的信号；价格下跌但成交量萎缩，可能意味着抛压较小，不一定急于卖出。

· 留意盘中的突破和支撑

若价格向上突破重要的阻力位，同时成交量配合增加，可能是买入的机会。

若价格向下跌破关键支撑位，且成交量较大，可能是卖出的信号。

· 分析价格的波动幅度

短时间内价格大幅波动，可能意味着市场情绪不稳定，风险较高。

价格波动较小且稳定，可能意味着市场处于观望或等待重要消息的阶段。

· 结合其他技术指标

可以同时参考MACD、KDJ等指标在分时图中的表现，以增强决策的可靠性。

K线图的作用

· 趋势判断

观察一系列K线的排列和走向，确定是上升趋势（高点和低点不断抬高）、下降趋势（高点和低点不断降低）还是震荡趋势。

· 形态分析

常见的形态如头肩顶（底）、双重顶（底）、三角形等。

头肩顶形态通常是卖出信号，而头肩底形态往往是买入信号。

· 支撑和阻力位

前期高点往往会成为后续上涨的阻力位，前期低点则可能成为下跌的支撑位。

价格接近阻力位时，可能是卖出时机；接近支撑位时，可考虑买入。

· 成交量配合

上涨时成交量放大，下跌时成交量缩小，是比较健康的走势。

· 多根K线组合

如连续的阳线上涨组合，显示多头力量强劲，可跟进买入。

连续的阴线下跌组合，显示空头占优势，应谨慎操作或卖出。

3. 分时图、K线图实战分享

分时图实战分享

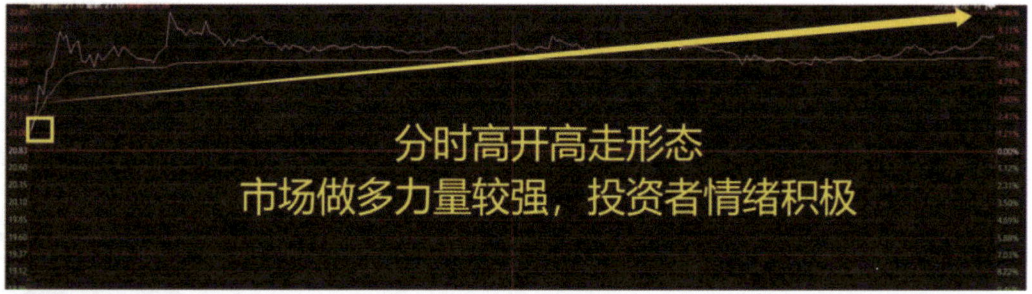

· **高开高走**：开盘价高于昨日收盘价，且价格一路上扬。通常显示市场做多力量较强，投资者情绪积极。

分时高开高走形态
市场做多力量较强，投资者情绪积极

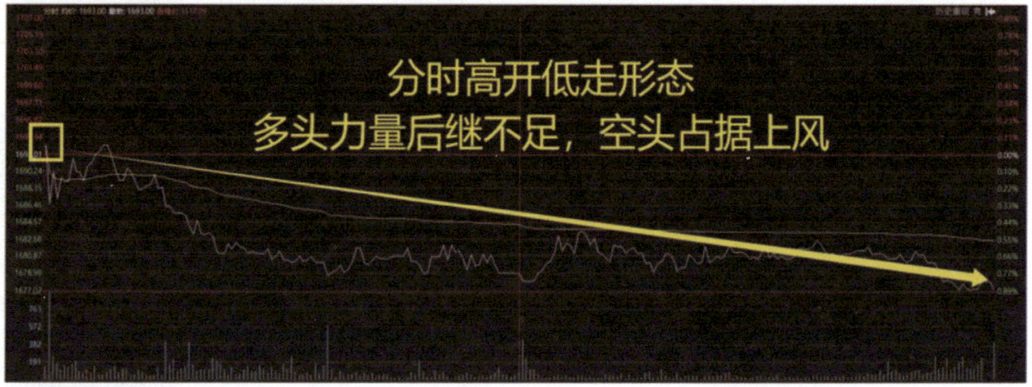

· **高开低走**：开盘价较高，但随后价格逐步下跌。可能意味着多头力量后继不足，空头占据上风。

分时高开低走形态
多头力量后继不足，空头占据上风

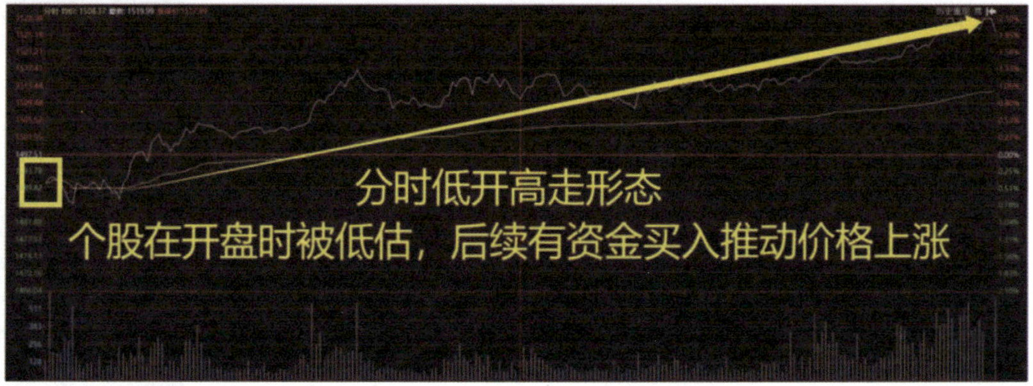

· **低开高走**：开盘价低于昨日收盘价，但之后价格逐步上升。可能是个股在开盘时被低估，后续有资金买入推动价格上涨。

分时低开高走形态
个股在开盘时被低估，后续有资金买入推动价格上涨

·低开低走：开盘价较低且价格持续下跌，往往反映市场情绪悲观，卖压较大。

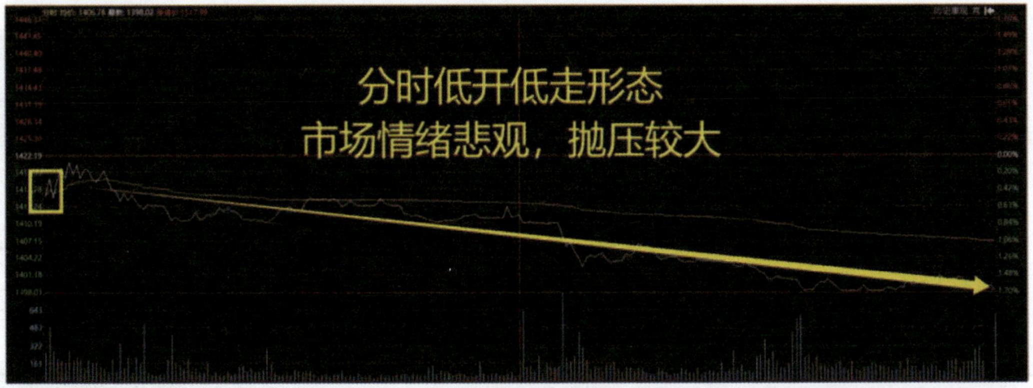

分时低开低走形态
市场情绪悲观，抛压较大

·脉冲式上涨：价格在短时间内快速上涨，然后又迅速回落。可能是主力试盘或吸引跟风盘。

分时脉冲式上涨形态
主力试盘或吸引跟风盘

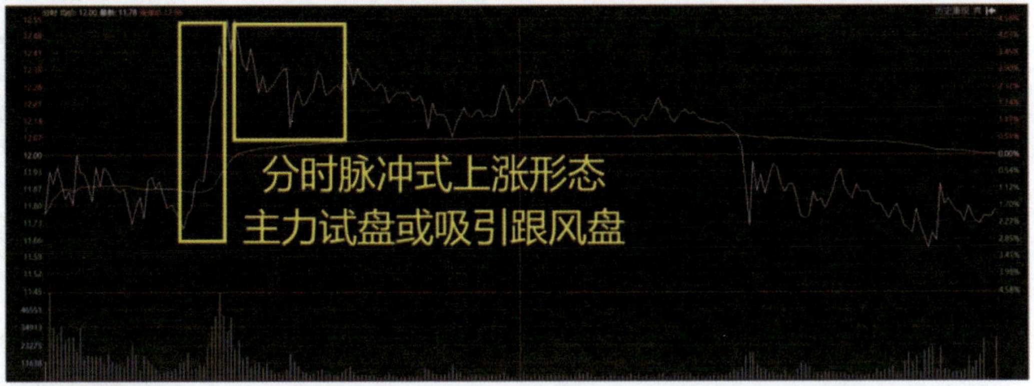

·阶梯式上涨：价格以逐步抬高的台阶形式上涨，每个台阶都有一定的横盘整理。显示上涨较为稳健，多头有节奏地控制局面。

分时阶梯式上涨
上涨较为稳健，多头有节奏地控制局面

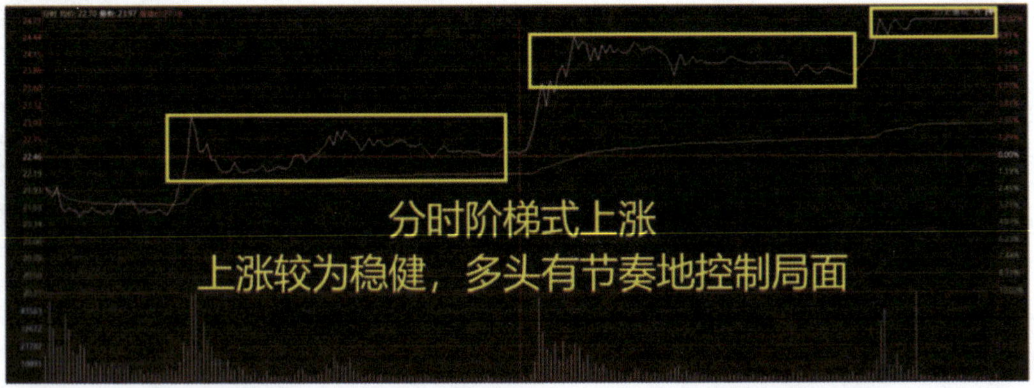

·震荡盘整： 价格在一个相对窄幅的区间内上下波动，没有明显的趋势。可能是多空双方力量相对均衡，市场在等待选择方向。

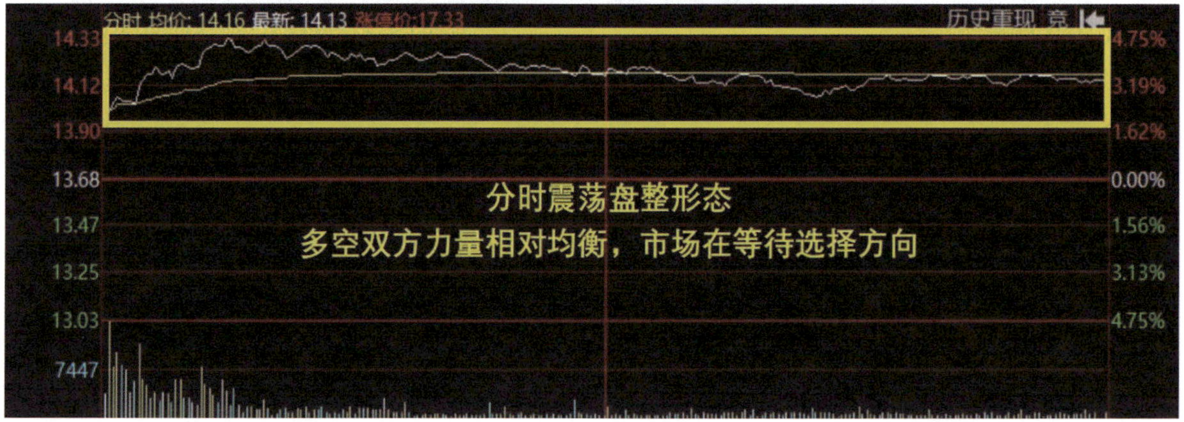

K线图实战分享

·锤子线和上吊线

锤子线： 出现在下跌趋势中，下影线较长，实体较小，无上影线或上影线很短。通常是底部反转信号。

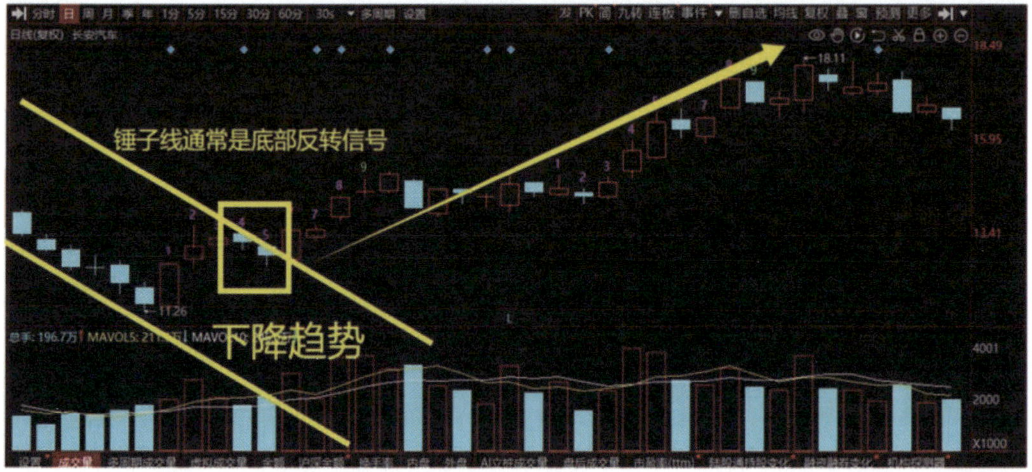

上吊线： 出现在上涨趋势中，下影线较长，实体较小，无上影线或上影线很短。可能是顶部反转信号。

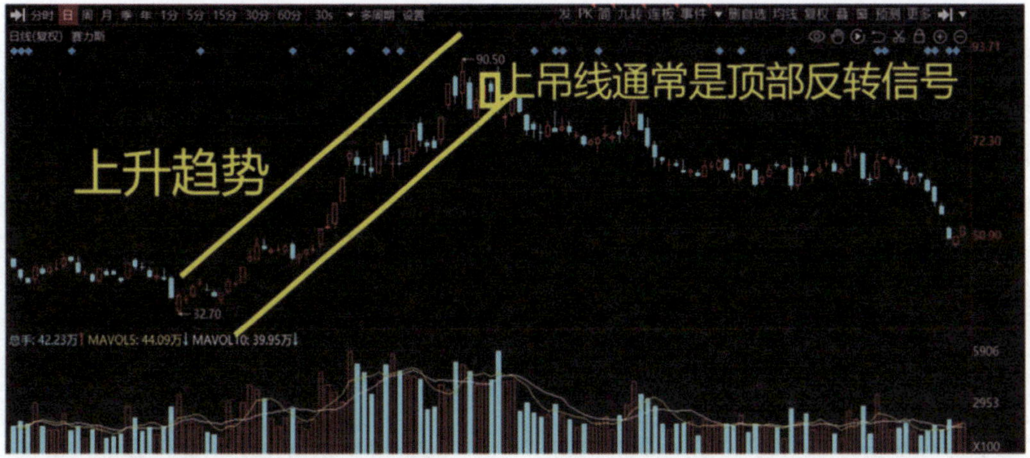

· **吞没形态**

看涨吞没： 由一根阴线和一根阳线组成，阳线实体完全覆盖阴线实体，是强烈的看涨信号。

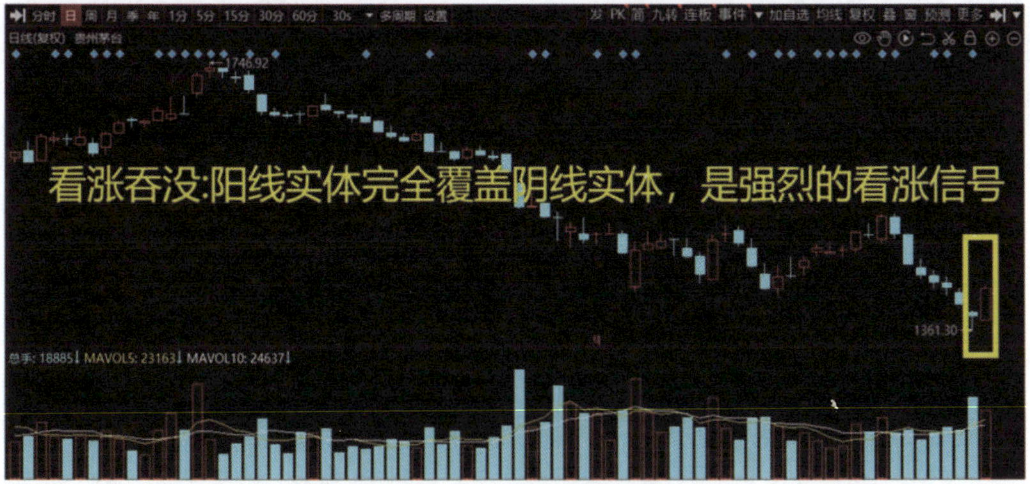

看跌吞没：由一根阳线和一根阴线组成，阴线实体完全覆盖阳线实体。是强烈的看跌信号。

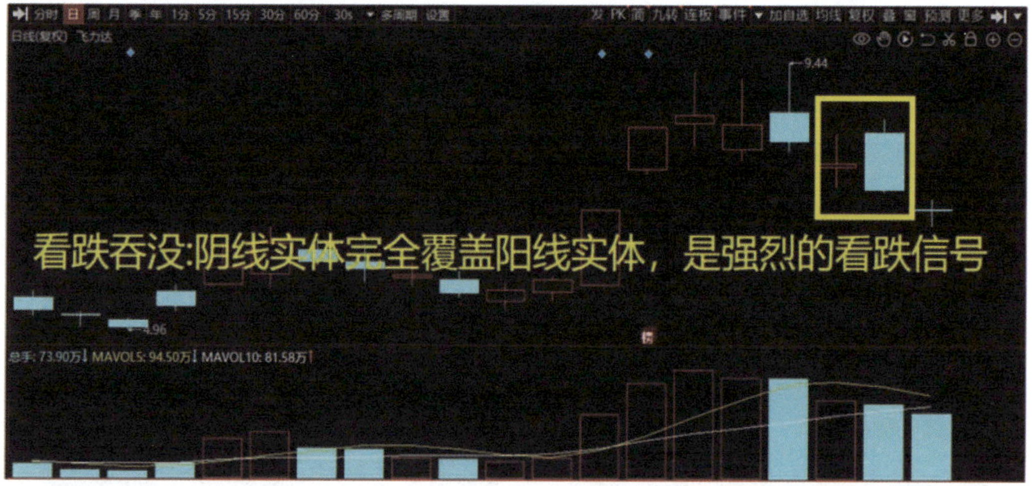

- **孕线形态**

由两根 K 线组成，前一根为长实体 K 线，后一根为小实体 K 线，小实体完全被包含在前一根 K 线的实体范围内。孕线形态预示着趋势可能反转或进入盘整。

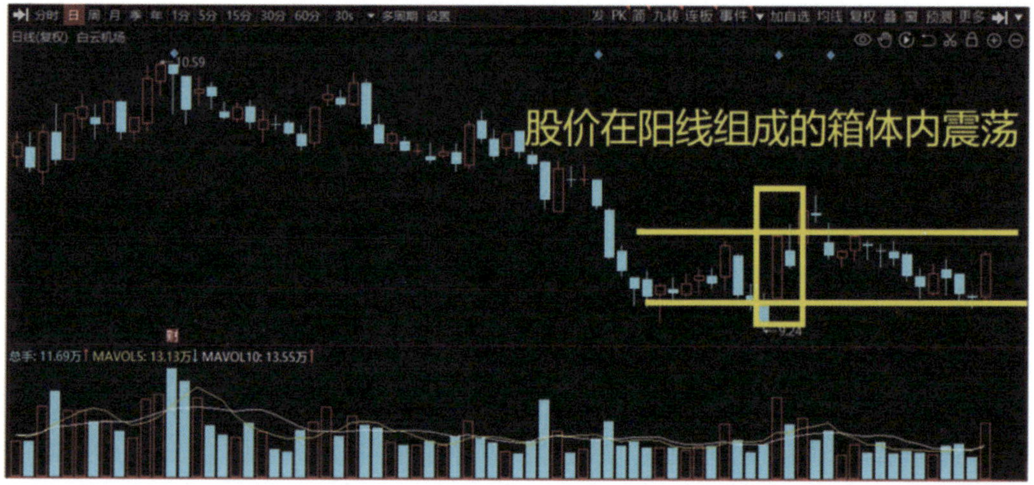

· 黄昏之星

由三根 K 线组成，第一根是阳线，第二根是十字星或小阴线、小阳线，第三根是阴线，且阴线实体深入到第一根阳线实体之内。是常见的顶部反转信号。

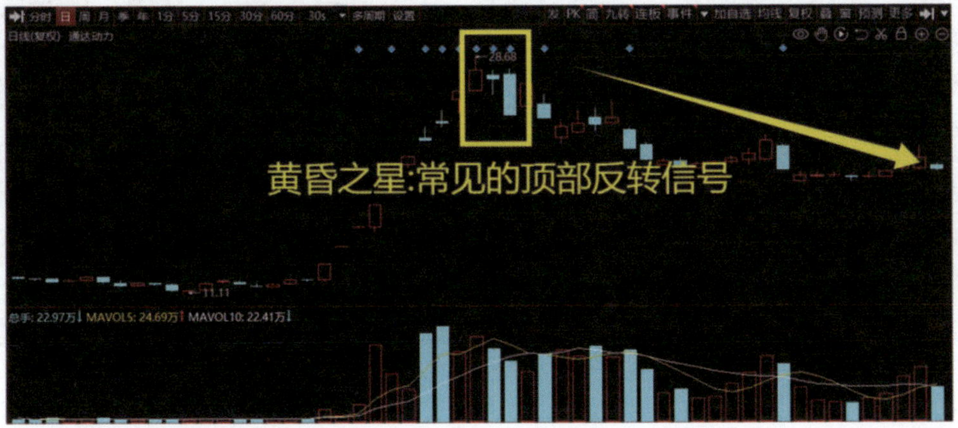

黄昏之星：常见的顶部反转信号

· 红三兵

由三根连续上涨的阳线组成，每根阳线的收盘价高于前一天的收盘价，且开盘价在前一天阳线实体之内。是强烈的上涨信号。

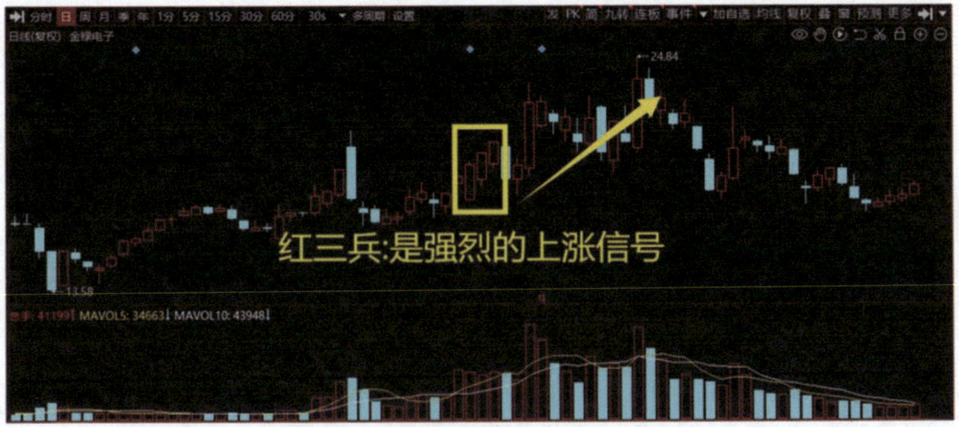

红三兵：是强烈的上涨信号

• 三只乌鸦

由三根连续下跌的阴线组成，每根阴线的收盘价低于前一天的收盘价，且开盘价在前一天阴线实体之内。是强烈的下跌信号。

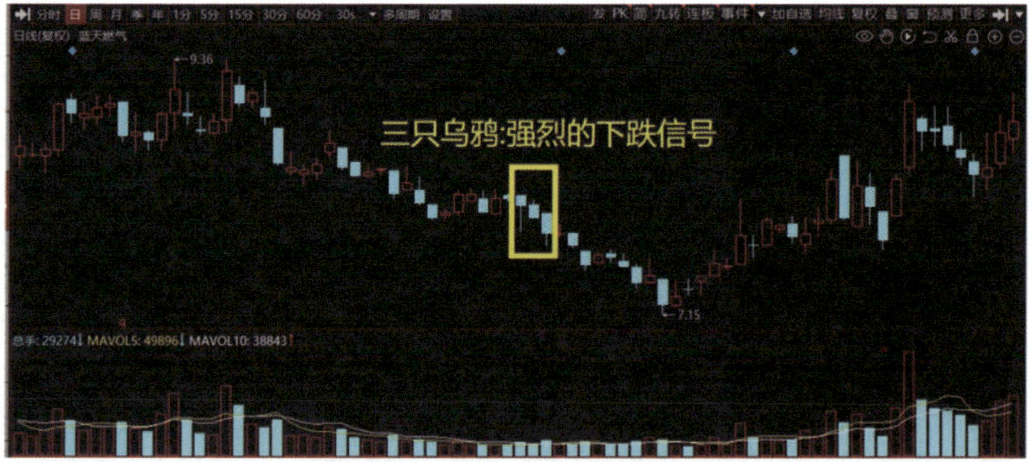

• 乌云盖顶

由一根阳线和一根阴线组成，阴线在阳线收盘价之上开盘，在阳线实体中部以下收盘。是顶部反转信号。

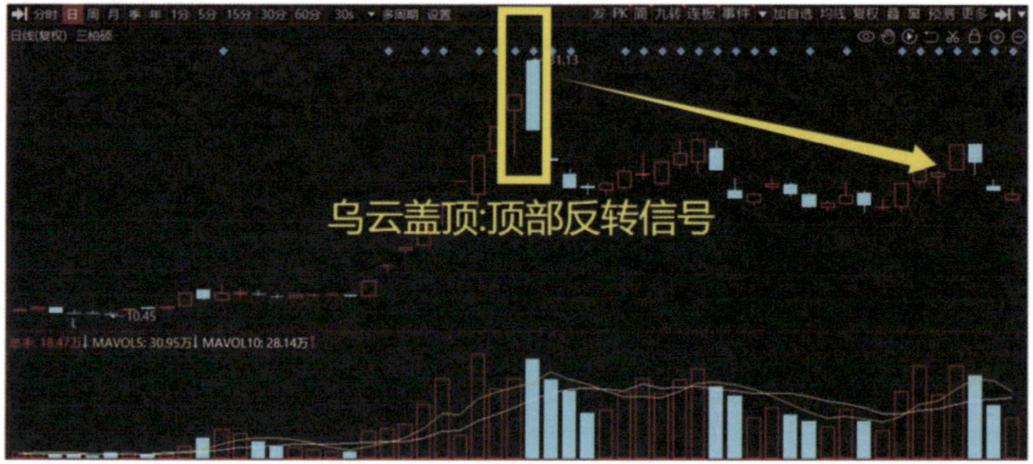

· 穿刺线

与乌云盖顶相反，由一根阴线和一根阳线组成，阳线在阴线收盘价之下开盘，在阴线实体中部以上收盘。是底部反转信号。

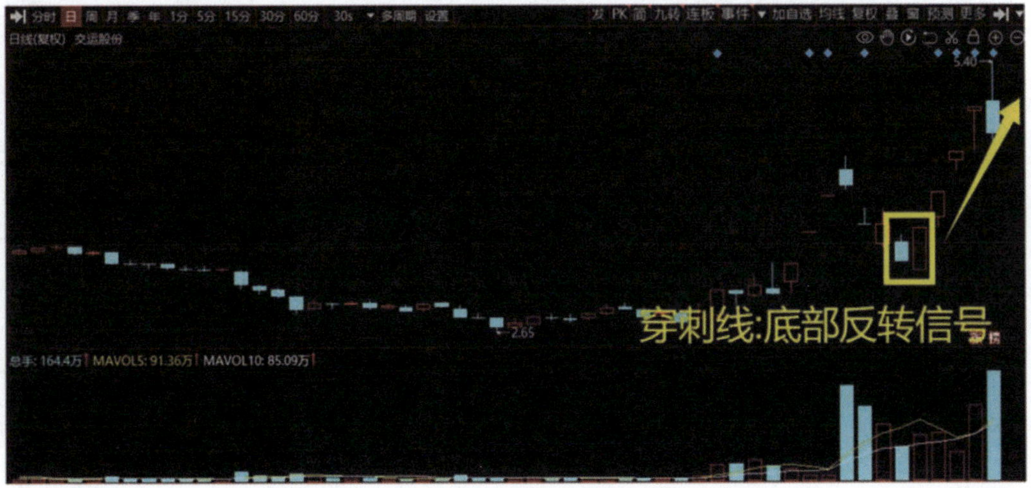

下篇 游资分析盘面

盘面概览

功能分区

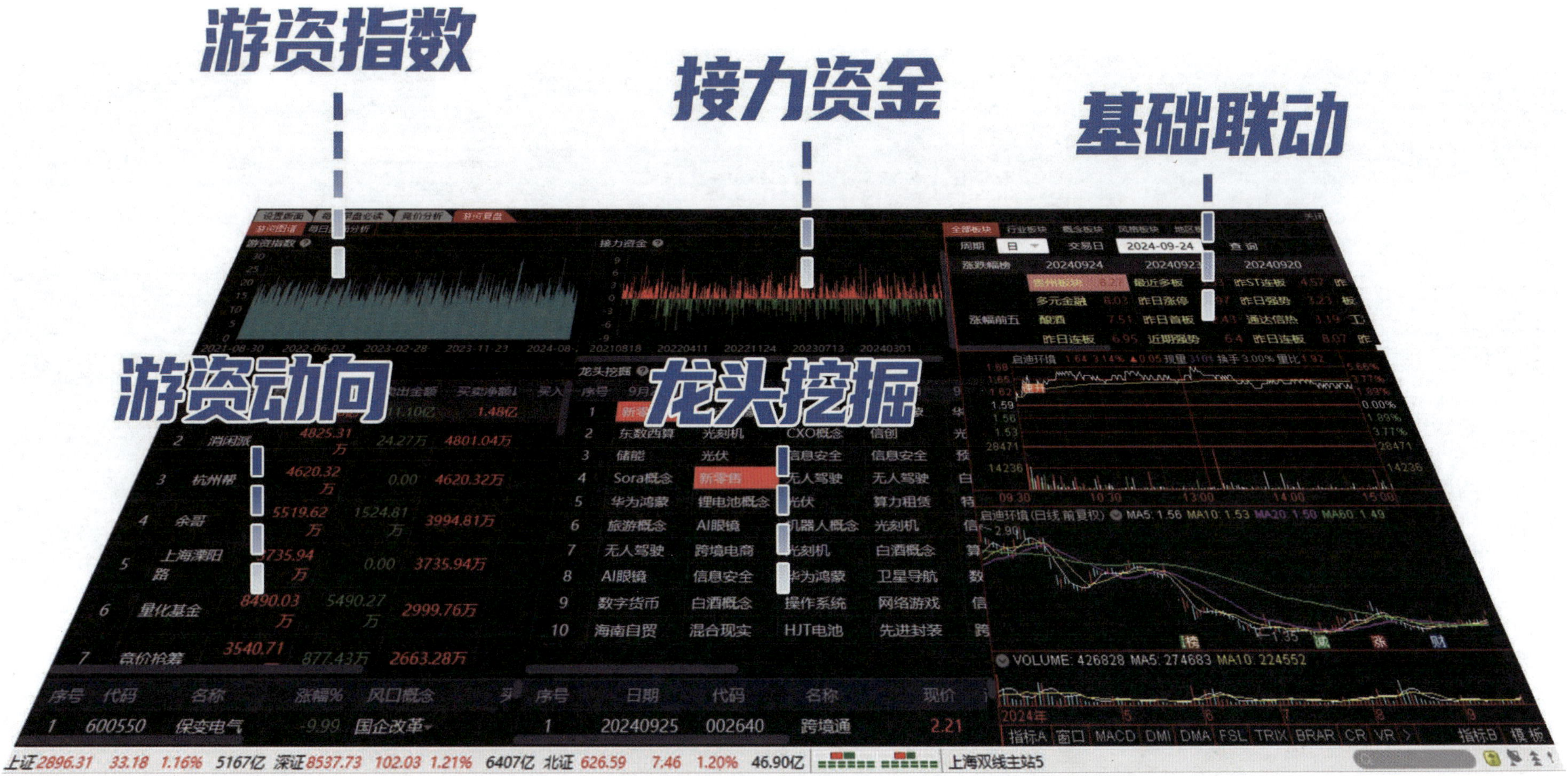

游资指数

接力资金

基础联动

游资动向

龙头挖掘

游资指数

接力资金

全部板块　行业板块　概念板块　风格板块　地区

周期　日　交易日　2024-09-24　查询

涨跌幅榜　20240924　20240923　20240920

贵州板块　8.27　排近多板　昨ST连板　4.57

多元金融　8.03　昨日涨停　昨日强势　3.23

涨幅前五　酿酒　7.51　昨日首板　通达信热　3.19

昨日连板　6.95　近期强势　昨日连板　8.97

2021-08-30　2022-06-02　2023-02-28　2023-11-23　2024-08-

20210818　20220411　20221124　20230713　20240301

2	消闲派	4825.31万	24.27%	4801.04万
3	杭州帮	4620.32万	0.00	4620.32万
4	余哥	5519.62万	1524.81万	3994.81万
5	上海溧阳路	3735.94万	0.00	3735.94万
6	量化基金	8490.03万	5490.27万	2999.76万
7	竞价抢筹	3540.71万	877.43万	2663.28万

龙头挖掘

序号	9月
1	新
2	东数西算	光刻机	CXO概念	信创
3	储能	光伏	信息安全	预
4	Sora概念	新零售	无人驾驶	无人驾驶
5	华为鸿蒙	锂电池概念	光伏	算力租赁
6	旅游概念	AI眼镜	机器人概念	光刻机
7	无人驾驶	跨境电商	光刻机	白酒概念
8	AI眼镜	信息安全	华为鸿蒙	卫星导航
9	数字货币	白酒概念	操作系统	网络游戏
10	海南自贸	混合现实	HJT电池	先进封装

启迪环境　1.64　3.14%　▲0.05　现量　3101　换手　3.00%　量比　1.92

1.68　5.66%

1.59　3.77%

1.62　1.89%

1.53　0.00%

28471　1.89%

14236　3.77%

启迪环境(日线 前复权)　MA5: 1.56 MA10: 1.53 MA20: 1.50 MA60: 1.49

09:30　10:30　11:30/13:00　14:00　15:00

VOLUME: 426828 MA5: 274683 MA10: 224552

| 序号 | 代码 | 名称 | 涨幅% | 风口概念 | 序号 | 日期 | 代码 | 名称 | 现价 |
| 1 | 600550 | 保变电气 | -9.99 | 国企改革 | 1 | 20240925 | 002640 | 跨境通 | 2.21 |

上证 2896.31　33.18　1.16%　5167亿　深证 8537.73　102.03　1.21%　6407亿　北证 626.59　7.46　1.20%　46.90亿　上海双线主站5

功能导航

▶▶ 一、游资指数功能介绍

1. 什么是游资指数

游资指数是统计每日涨停股票中，市场龙虎榜中活跃的中大型游资，将游资数量和参与金额进行加权计算，得到一个衡量游资活跃度的量化数值。

①上图中每个交易日龙虎榜公布后会出现一根蓝色线柱，这根蓝色线柱的高低就代表游资活跃度的高低。

②纵坐标，即0、5、10、20这些数字，代表游资指数的活跃度，数字越小，代表游资活跃度越低，数字越大，代表游资活跃度越高。

③横坐标，即2021-08-30和2024-07这些数字，代表年月日。方便与前面的历史数据进行对比，使用时可以把鼠标放至该功能模块的最右端，查看每日最新的游资指数数据。

2. 游资指数的作用

游资是市场中最活跃的交投群体，很多人气大牛股由游资接力主导，从而引爆市场赚钱效应，多体现在题材炒作、抱团拉升、短线投机氛围浓厚的市场环境中。游资指数主要反映每天市场内游资的活跃度高低，可能会出现以下几种图形。

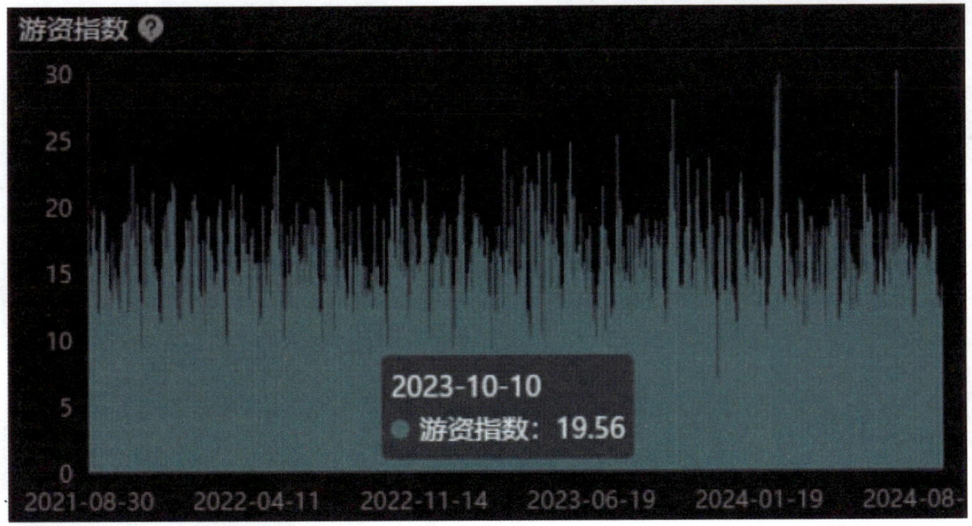

①单日蓝色线柱急剧缩短，说明市场出现突发利空，市场活跃度大幅下降。这时候最先考虑的是市场是否发生系统性风险，如果是，则以斩仓为主，保住本金度过难关。一般发生概率较小。

②单日蓝色线柱突然放大，说明市场突然亢奋，当日可能是放量普涨日，考虑市场发生正向反转。如果是消息刺激，判断持续的可能性，不轻易上头，同时观察后续几个交易日的表现。

③观察一段时间内蓝色线柱的高低趋势变化，如果发现一段时间内蓝色线柱呈萎缩态势，说明市场进入低迷阶段，游资多以休息为主，这时投资者也要采取同向策略，不要逆势而为。如果发现一段时间内蓝色线柱呈逐步上涨态势，说明游资进场速度加快，市场有较高活跃度，此时应分析游资参与的标的，指导自己的方向选择，顺应活跃资金的偏好。

3. 游资指数实战分享

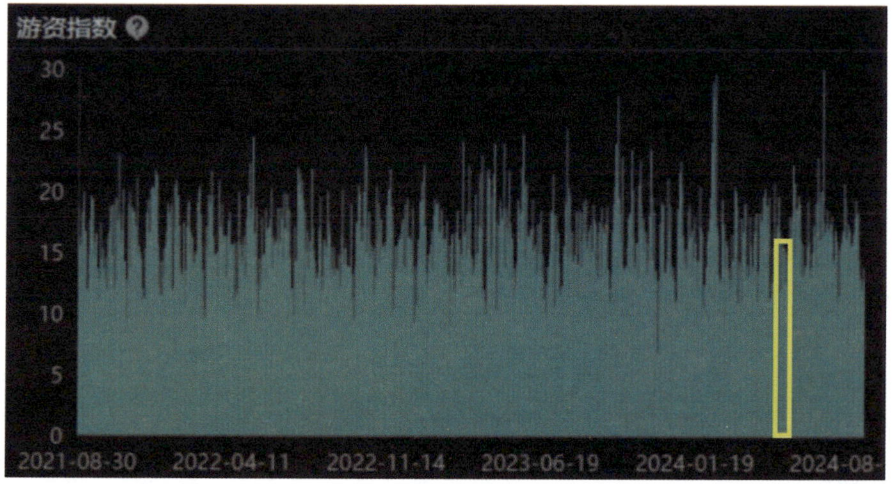

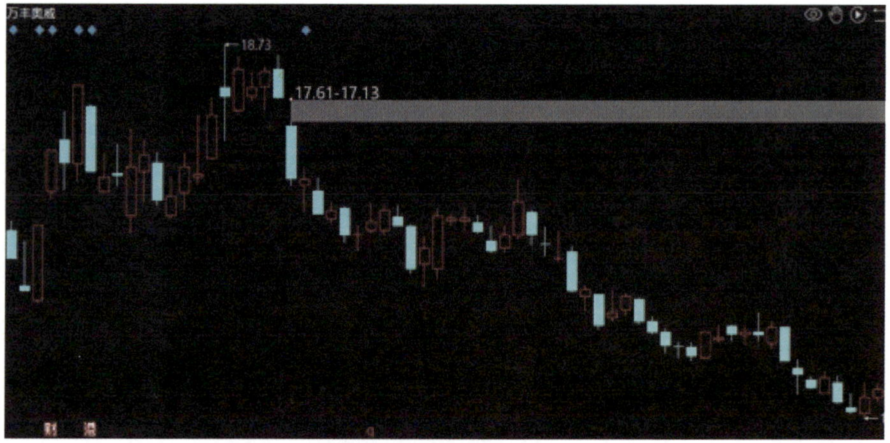

2024年5月到7月这段时间，市场处于题材真空期，上一轮主线低空经济进入退潮期。核心龙头万丰奥威呈震荡下跌趋势，连板高度一度打不开，市场持续缩量，大量短线资金离场，游资指数逐步走低。

沪 2963.10		2024-06-24	
-35.04 -1.17%			

数据分析		股票列表	
一板	二板	三板	高度板
15	**4**	**2**	**0**
连板率	15% 中	40% 中	0% 低

实际涨停: 21家 （过滤ST股）
实际跌停: 21家 （过滤ST股）

涨停	>7%	7~5%	5~2%	2~0%	平	0~2%	2~5%	5~7%	7%<	跌停
29	18	20	75	166	19	577	2794	1134	177	78

涨308家　　　　　　　　　　　　　　　　　跌4760家

　　以2024年6月24日为例，当日红盘家数仅308家，连板高度只有三板，表明市场情绪极端弱势，游资离场，交投冷淡。

　　这种行情下，首要的是保住本金，投资者可以通过观察游资指数蓝色线柱的持续萎缩，提前判断市场的弱势，从而先一步避开风险。

▶▶ 二、接力资金功能介绍

1. 什么是接力资金

　　接力资金是指资金打板买入两连板及以上自然涨停个股（含打板后炸板个股，排除新股及一字板无法买入等个股），统计其次日的平均收益情况。

①红色线柱表示打板资金介入两连板及以上自然涨停个股次日的平均收益为正，绿色线柱表示打板资金介入两连板及以上自然涨停个股次日的平均收益为负，线柱的高度代表正负大小的程度。

②纵坐标，即0、3、6、9这些数字，代表打板资金介入两连板及以上自然涨停个股次日的收益率数值。把鼠标放到某一线柱上时，会显示具体收益率数值。

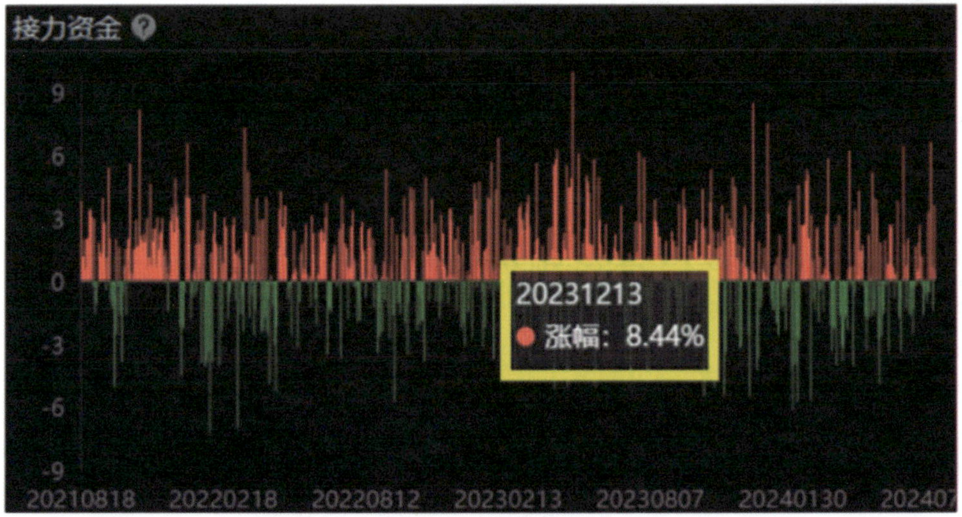

③横坐标，即202108和202407这些数字，代表年月日，方便对比一段时间周期里接力资金的收益反馈。使用时可以把鼠标放至该功能模块的最右端，查看每日最新接力资金数据。

2. 接力资金功能模块的作用

接力资金是市场上最活跃的短线资金，主要博弈高风险高收益的连板股。而连板股的平均收益反馈，可以通过接力资金功能模块直观地体现出来，用来判断当下市场的风险偏好和值博率。

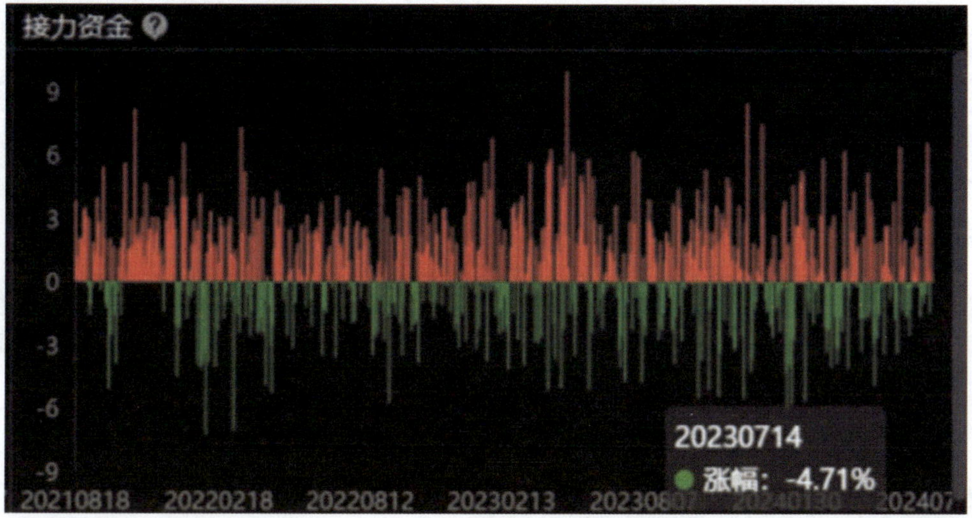

①单日红色线柱大幅拉升，说明当天连板股的接力具有极强的赚钱效应，即连板晋级率高，断板股也温和，说明短线情绪极佳。

②单日绿色线柱大幅拉升，说明当天连板股接力负反馈极大，连板晋级率低且断板当天就出现较大回撤，意味着市场风险极大，投资者应回避连板接力。

③注意：某一天红色线柱大幅拉升，不代表短线氛围就会完全回暖。需要注意一种情况，就是当天的连板股数量是不是特别少。如果是因为连板股的数量少，又刚好都晋级了，会使得接力资金的数据异常高，不具有普适性。

下篇 游资分析盘面

3. 接力资金功能实战分享

2024年春节前，市场曾进入一段至暗时刻，从1月末到2月初，市场急速下跌，短短6个交易日，从2923点跌到了最低2635点，场内外哀嚎一片，人气低迷，接力资金数据最低来到了-6.14%。

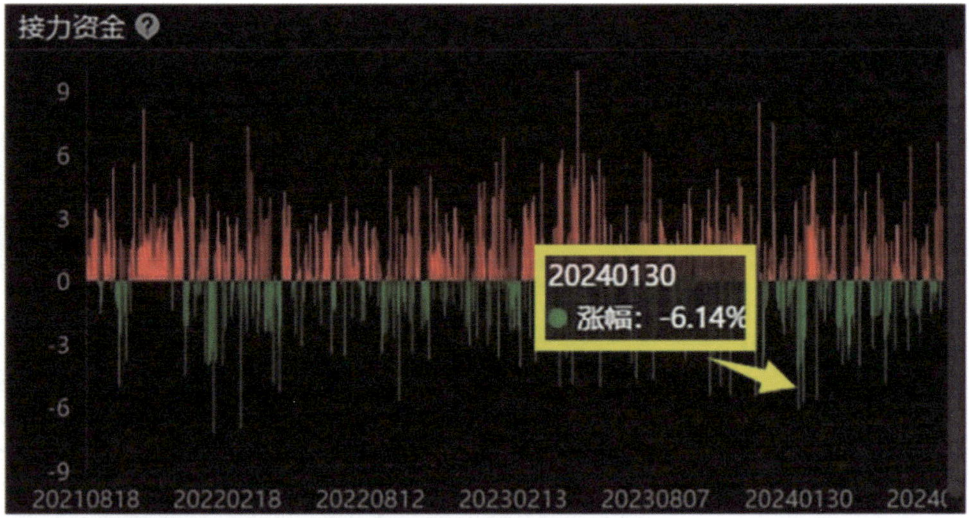

市场往往在绝望中见底，2024年2月6日，接力资金数据大涨4.57%，是近一个月来的最高值。也就是从这天开始，大盘触底反弹，开始了轰轰烈烈的反弹行情。

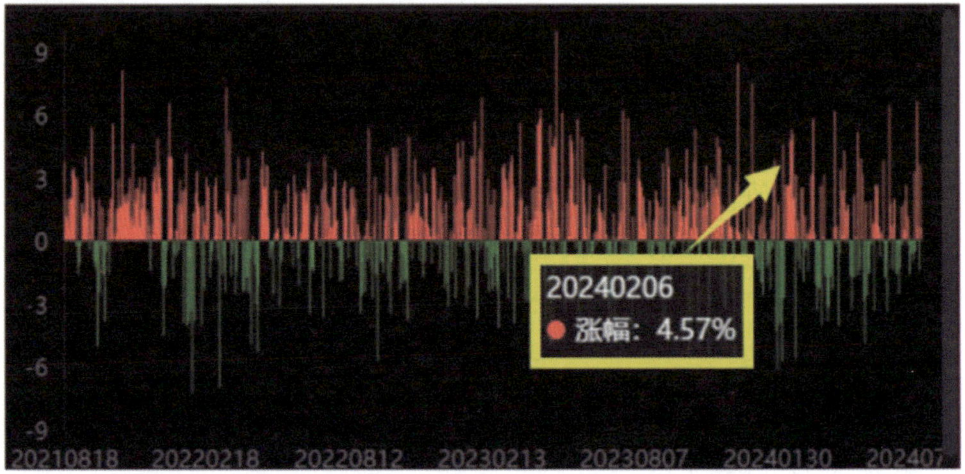

接力资金数据修复，市场做多行情空前向好，总龙头克来机电最高连续涨了13个涨停板，彻底引爆短线行情，后面也是整个2024年上半年最好做的一个阶段。

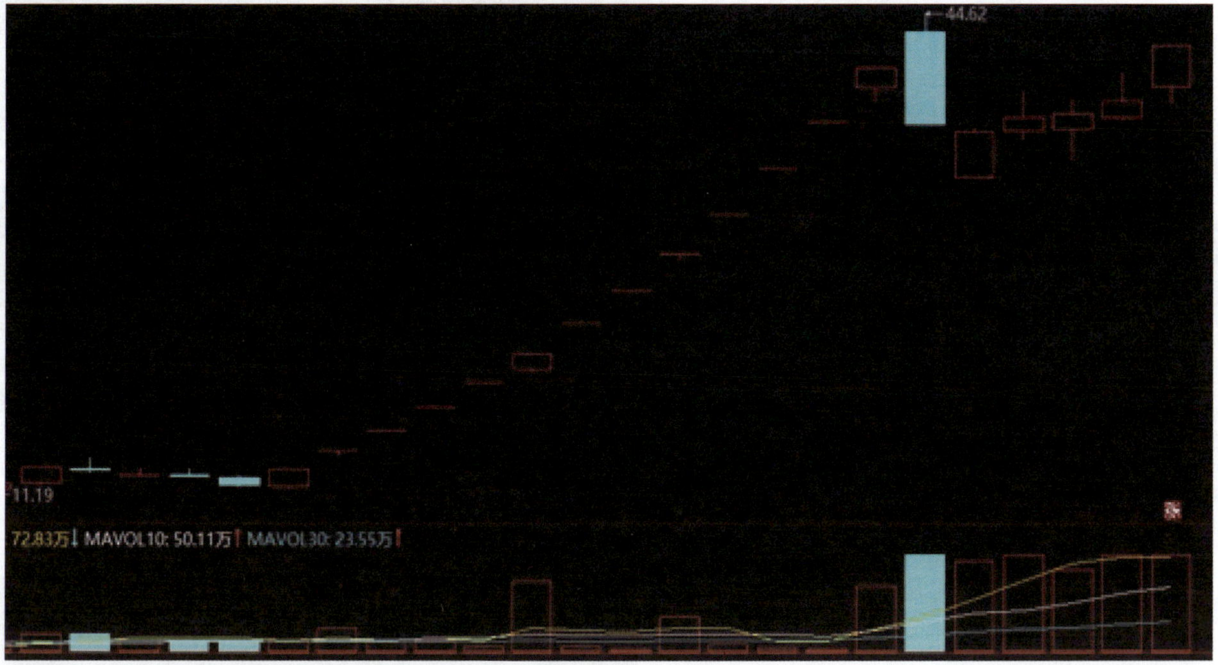

▶▶ 三、龙头挖掘功能介绍

1. 什么是龙头挖掘功能

是指根据板块内连板数据、封板率等指标，对每天的热点题材做一个统计排序。投资者可以连续查看近10个交易日的题材表现情况，从而对市场中各种题材的强弱、持续性有一个比较清晰的认识。

下篇 游资分析盘面

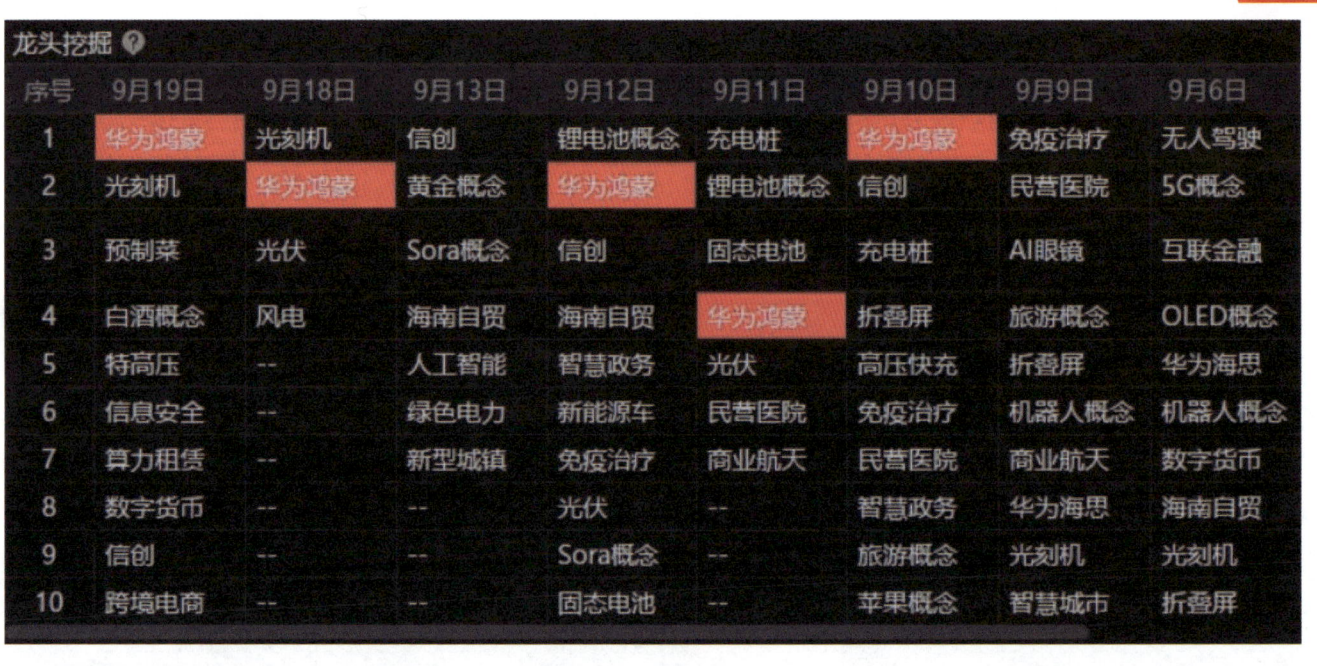

序号	9月19日	9月18日	9月13日	9月12日	9月11日	9月10日	9月9日	9月6日
1	华为鸿蒙	光刻机	信创	锂电池概念	充电桩	华为鸿蒙	免疫治疗	无人驾驶
2	光刻机	华为鸿蒙	黄金概念	华为鸿蒙	锂电池概念	信创	民营医院	5G概念
3	预制菜	光伏	Sora概念	信创	固态电池	充电桩	AI眼镜	互联金融
4	白酒概念	风电	海南自贸	海南自贸	华为鸿蒙	折叠屏	旅游概念	OLED概念
5	特高压	--	人工智能	智慧政务	光伏	高压快充	折叠屏	华为海思
6	信息安全	--	绿色电力	新能源车	民营医院	免疫治疗	机器人概念	机器人概念
7	算力租赁	--	新型城镇	免疫治疗	商业航天	民营医院	商业航天	数字货币
8	数字货币	--	--	光伏	--	智慧政务	华为海思	海南自贸
9	信创	--	--	Sora概念	--	旅游概念	光刻机	光刻机
10	跨境电商	--	--	固态电池	--	苹果概念	智慧城市	折叠屏

①龙头挖掘主要分为两大功能模块，上图这个模块是近10个交易日的题材表现情况（截图大小限制，未全部显示），每个交易日都会自动排列当日热点题材，从上往下强度依次减弱。

②点击上图的板块名称，会在下图模块中显示成分股，并且会显示成分股的涨停时间、连板天数、封单金额、封单量等关键短线数据。

序号	日期	代码	名称	现价	涨停时间	连板天数	封单金额	封单量
1	20240919	600198	大唐电信	7.03	09:25	3	1.95亿	2767.59万
2	20240919	000004	国华网安	13.27	09:30	2	5897万	444.41万
3	20240919	000948	南天信息	16.85	13:31	1	7796万	462.67万
4	20240919	003004	声迅股份	21.35	13:11	1	3710万	173.77万
5	20240919	300061	旗天科技	7.07	11:03	1	4706万	665.62万

2. 龙头挖掘功能的作用

龙头挖掘功能可以统计近一段时间的热点题材强度，且自动排序，投资者可以根据近期反复活跃的题材来确定市场炒作主线，并通过板块下方提供的成分股快速确定领涨龙头或连板高标。

①主线或板块的持续性判断。以上图为例，在7月25日到7月30日这段时间里，商业航天和无人驾驶板块持续高居龙头挖掘功能的第一位和第二位，说明这两个板块在强度和持续性上都远超其他题材，应是重点关注的题材，后市有望走出延续性。后面的8月2日到8月6日，依然是这两个方向占据主流，低空经济属于商业航天的属性扩散，整体来看准确度较高，方便投资者快速锁定热点。

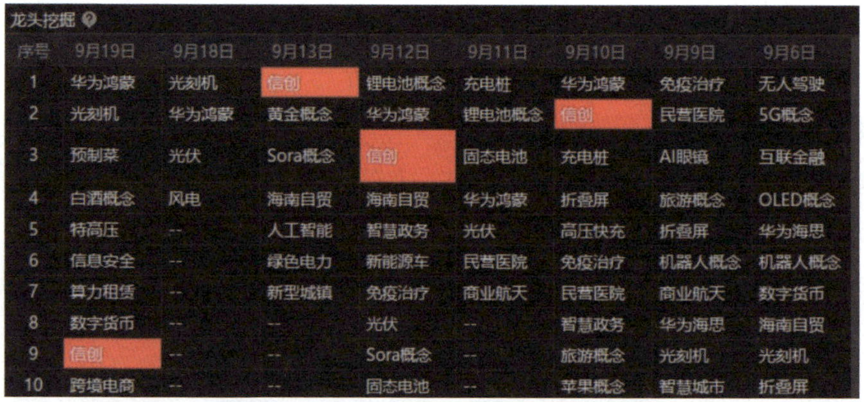

序号	9月19日	9月18日	9月13日	9月12日	9月11日	9月10日	9月9日	9月6日
1	华为鸿蒙	光刻机	信创	锂电池概念	充电桩	华为鸿蒙	免疫治疗	无人驾驶
2	光刻机	华为鸿蒙	黄金概念	华为鸿蒙	锂电池概念	信创	民营医院	5G概念
3	预制菜	光伏	Sora概念	信创	固态电池	充电桩	AI眼镜	互联金融
4	白酒概念	风电	海南自贸	海南自贸	华为鸿蒙	折叠屏	旅游概念	OLED概念
5	特高压	--	人工智能	智慧政务	光伏	高压快充	折叠屏	华为海思
6	信息安全	--	绿色电力	新能源车	民营医院	免疫治疗	机器人概念	机器人概念
7	算力租赁		新型城镇	免疫治疗	商业航天	民营医院	商业航天	数字货币
8	数字货币			光伏		智慧政务	华为海思	海南自贸
9	信创			Sora概念		旅游概念	光刻机	光刻机
10	跨境电商			固态电池		苹果概念	智慧城市	折叠屏

②关注突发新题材。某一天出现新题材且强度排名靠前，如上图中的信创，可以挖掘相关消息面，后面可能会有反复活跃的机会。主要帮助投资者快速发现市场新热点，把握题材起爆点。

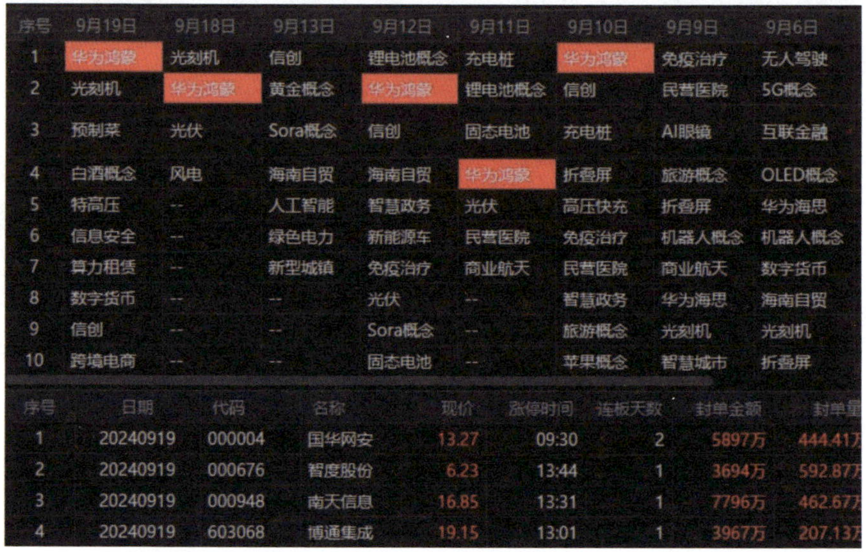

序号	9月19日	9月18日	9月13日	9月12日	9月11日	9月10日	9月9日	9月6日
1	华为鸿蒙	光刻机	信创	锂电池概念	充电桩	华为鸿蒙	免疫治疗	无人驾驶
2	光刻机	华为鸿蒙	黄金概念	华为鸿蒙	锂电池概念	信创	民营医院	5G概念
3	预制菜	光伏	Sora概念	信创	固态电池	充电桩	AI眼镜	互联金融
4	白酒概念	风电	海南自贸	海南自贸	华为鸿蒙	折叠屏	旅游概念	OLED概念
5	特高压	--	人工智能	智慧政务	光伏	高压快充	折叠屏	华为海思
6	信息安全	--	绿色电力	新能源车	民营医院	免疫治疗	机器人概念	机器人概念
7	算力租赁		新型城镇	免疫治疗	商业航天	民营医院	商业航天	数字货币
8	数字货币			光伏		智慧政务	华为海思	海南自贸
9	信创		Sora概念			旅游概念	光刻机	光刻机
10	跨境电商			固态电池		苹果概念	智慧城市	折叠屏

序号	日期	代码	名称	现价	涨停时间	连板天数	封单金额	封单量
1	20240919	000004	国华网安	13.27	09:30	2	5897万	444.41万
2	20240919	000676	智度股份	6.23	13:44	1	3694万	592.87万
3	20240919	000948	南天信息	16.85	13:31	1	7796万	462.67万
4	20240919	603068	博通集成	19.15	13:01	1	3967万	207.13万

③快速锁定板块核心股。以上图为例，点击华为鸿蒙板块，下方会出现板块内的成分股，按照连板天数进行排序。比如国华网安为两连板，是板块内的最高板，可以重点关注其涨停时间、封单金额等关键数据，把握核心个股的参与机会。

3. 龙头挖掘实战分享

　　7月24日，商业航天板块整体强度位居龙头挖掘榜第一位，当日成分股中腾达科技完成三连板，下面全是首板涨停，腾达科技辨识度拉满，成为板块里的领涨股。

下篇 游资分析盘面

龙头挖掘							
	8月2日	8月1日	7月31日	7月30日	7月29日	7月26日	7月25日	7月24日
驶	低空经济	低空经济	低空经济	商业航天	商业航天	商业航天	商业航天	商业航天
天	商业航天	芯片	人形机器人	合成生物	无人驾驶	无人驾驶	无人驾驶	液冷服务器
念	创新药	卫星导航	芯片	无人驾驶	芯片	新能源车	POE胶膜	铜缆高速连接
	无人驾驶	机器人概念	商业航天	时空大数据	飞行汽车	风电	数字货币	DRG-DIP
	新能源车	商业航天	互联金融	低空经济	数字货币	消费电子概念	光伏	网络游戏
念	芯片	铁路基建	机器人概念	芯片	光通信	卫星导航	车路云	无人驾驶
概念	DRG-DIP	维生素	维生素	飞行汽车	光伏	光伏	人形机器人	人形机器人
济	智能交通	消费电子概念	CXO概念	车路云	汽车拆解	高端装备	有机硅概念	PCB概念

序号	日期	代码	名称	现价	涨停时间	连板天数	封单金额	封单量
1	20240725	001379	腾达科技	32.44	09:41	4	4490万	242.82万
2	20240725	301079	邵阳液压	16.36	09:47	2	4560万	261.01万
3	20240725	001316	润贝航科	33.67	11:00	1	7697万	257.42万
4	20240725	002829	星网宇达	21.15	13:07	1	8188万	468.71万

7月25日，商业航天板块继续位居龙头挖掘榜第一位，腾达科技完成四连板，且涨停时间从上一个交易日的10点28分加速到9点41分即封死涨停，这是明显的强度提升的表现，再次确立领涨地位。后市商业航天板块都维持了较强的板块地位，成为市场的持续性主线。腾达科技走势强劲，最终实现十一连板，成为最高连板龙头。

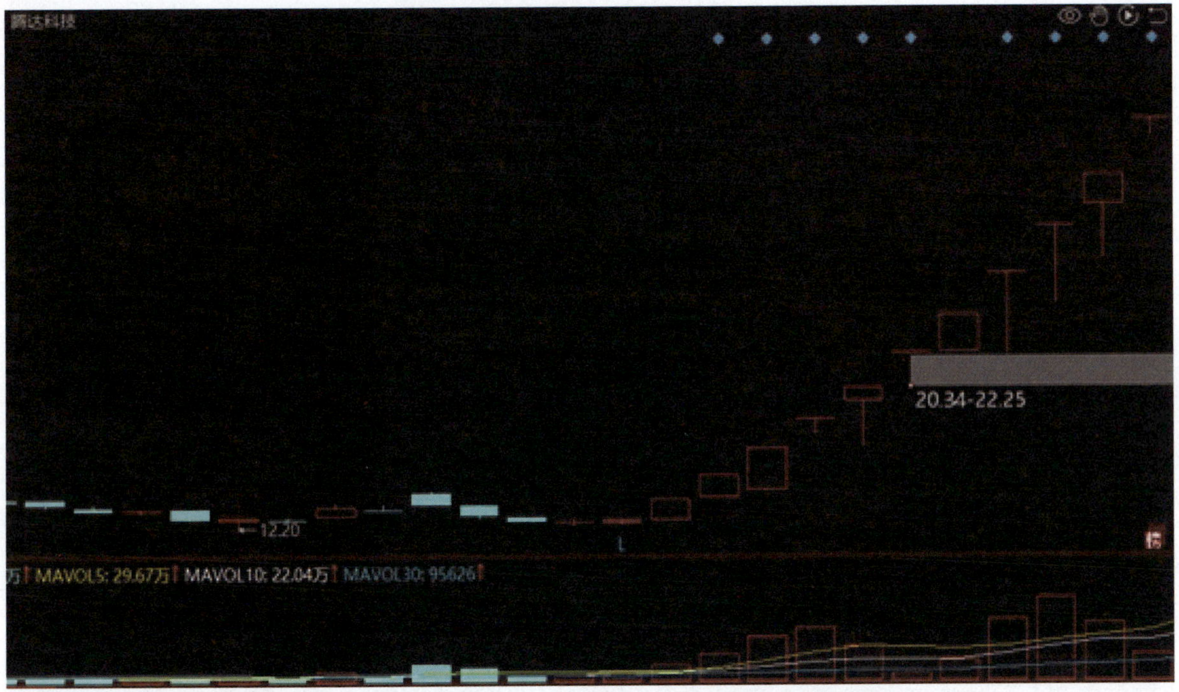

　　在整个炒作过程中，我们通过龙头挖掘功能，顺利锁定强度最高的热点板块商业航天，又在板块起涨时就快速锁定了涨势最强劲的腾达科技。后面腾达科技持续晋级，也离不开商业航天板块每天的强度支持。投资者通过查看板块的强度，再择机参与到板块龙头的博弈中去，最终实现11个交易日185%涨幅的收益。

▶▶ 四、游资动向功能介绍

1. 什么是游资动向功能

　　游资动向功能是指跟踪各路游资买卖的统计数据，据此分析游资每天的操作策略，进而动态理解市场、跟踪当下市场最有效的操作模式和手法。这就是所谓的站在巨人的肩膀上学习。

①游资动向分为两个模块，第一大模块主要包括游资名称、买入金额、卖出金额、操作股票数量等重要数据。

序号	游资名称	买入金额	卖出金额	买卖净额	买入家数	卖出家数	买卖家数↓
1	T王	12.12亿	10.36亿	1.76亿	38	25	42
2	量化打板	3.03亿	2.29亿	7403.28万	11	6	13
3	境外机构	8169.80万	9409.75万	-1239.94万	6	9	13
4	量化基金	8200.95万	9025.78万	-824.83万	4	6	9
5	作手新一	7396.91万	8667.03万	-1270.13万	4	5	7
6	思明南路	4499.26万	6875.46万	-2376.19万	2	5	7
7	方新侠	1.22亿	4603.81万	7635.63万	5	1	6
8	上塘路	3242.36万	8876.18万	-5633.83万	3	2	5
9	苏南帮	2213.43万	736.11万	1477.32万	3	1	4
10	宁波桑田路	4040.13万	8425.31万	-4385.17万	2	3	4
11	炒股养家	7756.72万	3992.33万	3764.40万	3	1	4

②如上图所示，点击上方黄色框的表头名称，可以进行排序。比如点击买卖家数，则整个游资动向的数据按照买卖家数从大到小进行排列。买卖家数表现的是该游资操作的股票数量。

③游资动向目前统计有30多家游资数据，基本覆盖了市场上的已知席位。点击右侧的滚动条可以上下滑动切换。

序号	游资名称	买入金额↓	卖出金额	买卖净额	买入家数	卖出家数	买卖家数
1	T王	12.12亿	10.36亿	1.76亿	38	25	42
2	量化打板	3.03亿	2.29亿	7403.28万	11	6	13
3	六一路	1.60亿	43.25万	1.60亿	2	0	2
4	方新侠	1.22亿	4603.81万	7635.63万	5	1	6
5	量化基金	8200.95万	9025.78万	-824.83万	4	6	9
6	境外机构	8169.80万	9409.75万	-1239.94万	6	9	13
7	炒股养家	7756.72万	3992.33万	3764.40万	3	1	4
8	作手新一	7396.91万	8667.03万	-1270.13万	4	5	7
9	交易猿	6595.69万	3098.58万	3497.11万	1	1	2
10	思明南路	4499.26万	6875.46万	-2376.19万	2	5	7
11	宁波桑田路	4040.13万	8425.31万	-4385.17万	2	3	4

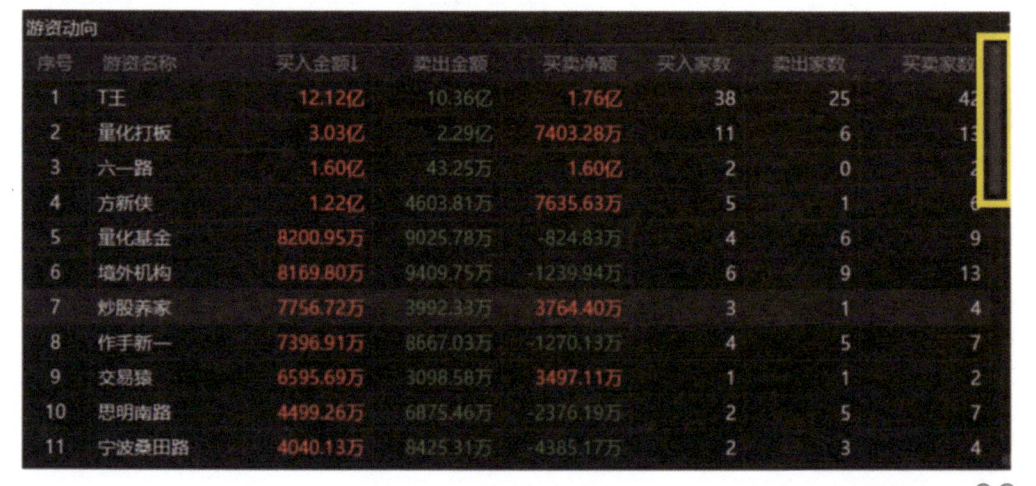

名称	涨幅%	风口概念	买卖标志	买入	卖出	净买入	席位
航天科技	10.00	国企改革	买入	6072万	1278万	4794万	中信证券西安朱雀大街
钧达股份	4.21	光伏	买入	2800万	4206	2800万	中信证券西安朱雀大街
香雪制药	18.23	低安全分	买入	1725万	1.26万	1723万	中信证券西安朱雀大街
苏州科达	-3.12	AI服务器	买入	1085万	--	1085万	中信证券西安朱雀大街
皇氏集团	-5.71	新零售	买入	558.2万	0.00	558.2万	中信证券西安朱雀大街

④游资动向功能的第二大模块是游资的具体操作记录，包括股票名称、买入金额、卖出金额、所用席位等重要信息，投资者可以清晰地了解到该游资当天的操作动向。注意，一个游资可能拥有多个席位，都会计入该游资的操作统计数据。

2. 游资动向功能的作用

传统的龙虎榜是以上榜股票为核心，统计上榜股票的各席位买卖情况，而游资动向功能的数据统计则是以游资席位为核心，可以快速定位到近期人气游资或者投资者关注的游资买卖情况。

序号	游资名称	买入金额↓	卖出金额	买卖净额	买入家数	卖出家数	买卖家数
1	T王	12.12亿	10.36亿	1.76亿	38	25	42
2	量化打板	3.03亿	2.29亿	7403.28万	11	6	13
3	六一路	1.60亿	43.25万	1.60亿	2	0	2
4	方新侠	1.22亿	4603.81万	7635.63万	5	1	6
5	量化基金	8200.95万	9025.78万	-824.83万	4	6	9
6	境外机构	8169.80万	9409.75万	-1239.94万	6	9	13
7	炒股养家	7756.72万	3992.33万	3764.40万	3	1	4
8	作手新一	7396.91万	8667.03万	-1270.13万	4	5	7
9	交易猿	6595.69万	3098.58万	3497.11万	1	1	2
10	思明南路	4499.26万	6875.46万	-2376.19万	2	5	7
11	宁波桑田路	4040.13万	8425.31万	-4385.17万	2	3	4

名称	涨幅%	风口概念	买卖标志	买入	卖出	净买入	席位
中公教育	9.88	教育培训	买入	5250万	4.51万	5245万	华鑫证券上海宛平南路
中央商场	10.13	新零售	买入	1335万	--	1335万	华鑫证券南昌分公司
昂立教育	9.97	教育培训	买入	1156万	--	1156万	华鑫证券上海宛平南路
航天科技	10.00	国企改革	卖出	16.06万	3988万	-3972万	华鑫证券上海宛平南路

①人气游资动向。点击某一个游资名称，如炒股养家，可以看到下方会显示该游资当日操作的股票及买卖情况。在席位一栏可以看到该游资有上海宛平路和南昌分公司两个席位。在龙虎榜再看到这些席位，可以快速联想到游资炒股养家。

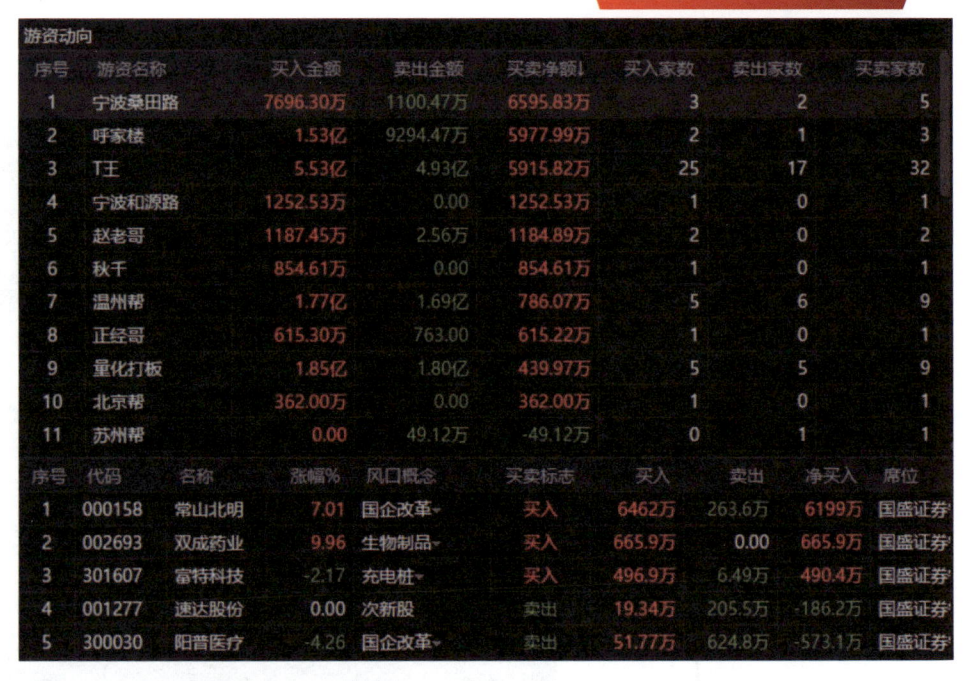

②游资风格总结。游资是市场中最活跃的一类资金，不同的游资操作风格迥异，有些擅长隔日套利，有些信仰龙头格局，有细致入微者，有大开大合者。通过复盘游资每日的操作动向，可以快速了解各类风格的游资。当我们关注的股票登上龙虎榜后，就可以根据榜上游资来判断这些股票次日的大致走势。

游资动向

序号	游资名称	买入金额	卖出金额	买卖净额↓	买入家数	卖出家数	买卖家数
1	宁波桑田路	7696.30万	1100.47万	6595.83万	3	2	5
2	呼家楼	1.53亿	9294.47万	5977.99万	2	1	3
3	T王	5.53亿	4.93亿	5915.82万	25	17	32
4	宁波和源路	1252.53万	0.00	1252.53万	1	0	1
5	赵老哥	1187.45万	2.56万	1184.89万	2	0	2
6	秋千	854.61万	0.00	854.61万	1	0	1
7	温州帮	1.77亿	1.69亿	786.07万	5	6	9
8	正经哥	615.30万	763.00	615.22万	1	0	1
9	量化打板	1.85亿	1.80亿	439.97万	5	5	5
10	北京帮	362.00万	0.00	362.00万	1	0	1
11	苏州帮	0.00	49.12亿	-49.12万	0	1	1

序号	代码	名称	涨幅%	风口概念	买卖标志	买入	卖出	净买入	席位
1	000158	常山北明	7.01	国企改革▾	买入	6462万	263.6万	6199万	国盛证券
2	002693	双成药业	9.96	生物制品▾	买入	665.9万	0.00	665.9万	国盛证券
3	301607	富特科技	-2.17	充电桩▾	买入	496.9万	6.49万	490.4万	国盛证券
4	001277	速达股份	0.00	次新股▾	卖出	19.34万	205.5万	-186.2万	国盛证券
5	300030	阳普医疗	-4.26	国企改革▾	卖出	51.77万	624.8万	-573.1万	国盛证券

③情绪判断。点击上方表头位置，可以对游资动向中的数据进行排序。如点击买卖净额，可以从大到小排列，也可以从小到大排列。如果某日表中数据买卖净额大多以卖出为主，即市场中的游资都在卖出，说明市场难度很大，情绪处于退潮期，近期需要谨慎出手；反之，如果看到游资以买入操作为主，则说明市场情绪亢奋，应有不错的赚钱效应。

游资动向

序号	游资名称	买入金额	卖出金额	买卖净额↓	买入家数	卖出家数	买卖家数
5	湖滨四季	1033.90万	4226.14万	-3192.23万	1	1	2
6	苏州帮	97.71万	2836.17万	-2738.46万	0	1	1
7	思明南路	4499.26万	6875.46万	-2376.19万	2	5	7
8	首板挖掘	489.65万	2737.72万	-2248.07万	0	2	2
9	成都系	1267.45万	3283.33万	-2015.88万	1	2	3
10	赵老哥	895.98万	2576.26万	-1680.28万	1	3	3
11	作手新一	7396.91万	8667.03万	-1270.13万	4	5	7
12	墙外机构	8169.80万	9409.75万	-1239.94万	6	9	13
13	成泉系	36.22万	995.11万	-958.90万	0	1	1
14	北京帮	4.25万	859.93万	-855.68万	0	1	1
15	量化基金	8200.95万	9025.78万	-824.83万	4	6	9

3. 游资动向实战分享

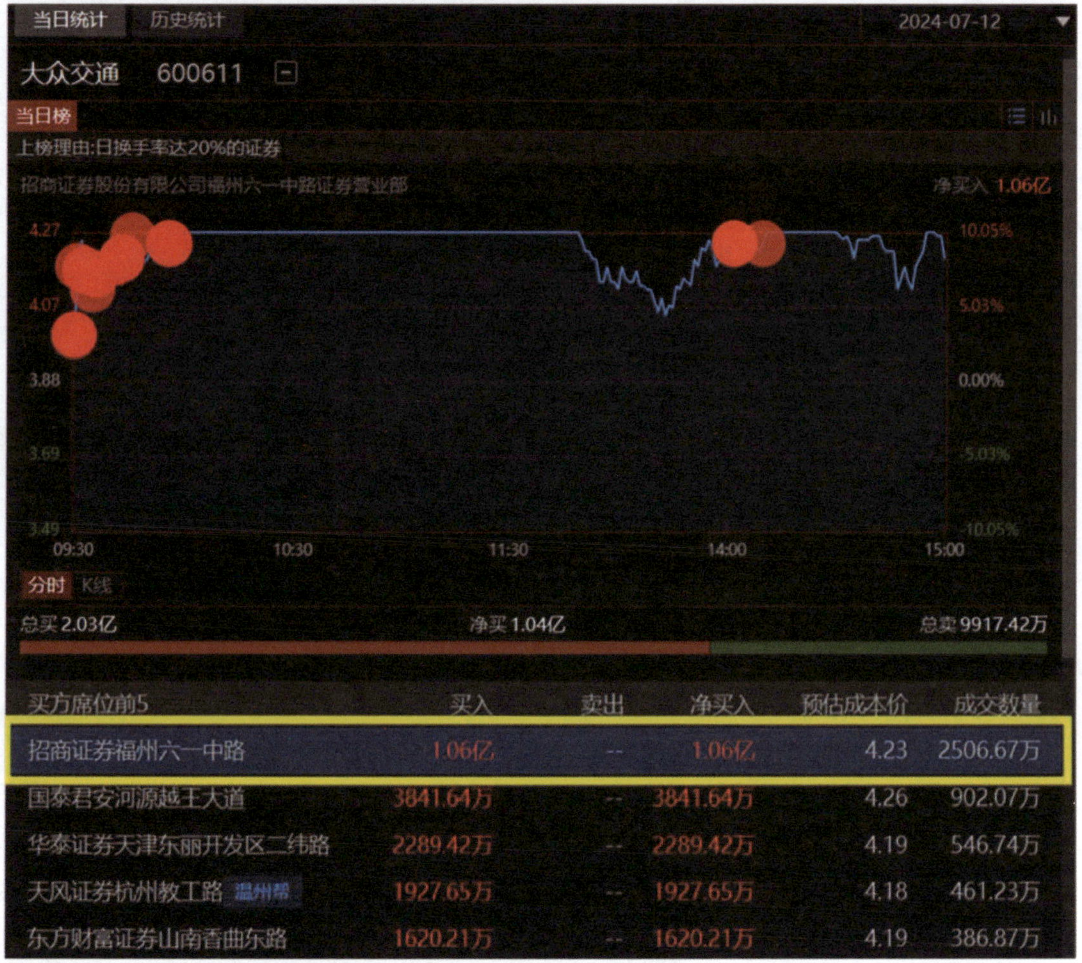

2024年7月12日，福州六一中路大笔买入大众交通1.06亿元，力压一众席位，代表其看好该股。但是该股当日涨停炸板，市场也比较低迷，导致市场对该股关注度不高。

下篇 游资分析盘面

序号	游资名称	买入金额↓	卖出金额	买卖净额	买入家数	卖出家数	买卖家数
1	T王	12.12亿	10.36亿	1.76亿	38	25	42
2	量化打板	3.03亿	2.29亿	7403.28万	11	6	13
3	六一路	1.60亿	43.25万	1.60亿	2	0	2
4	方新侠	1.22亿	4603.81万	7635.63万	5	1	6
5	量化基金	8200.95万	9025.78万	-824.83万	4	6	9
6	境外机构	8169.80万	9409.75万	-1239.94万	6	9	13
7	炒股养家	7756.72万	3992.33万	3764.40万	3	1	4
8	作手新一	7396.91万	8667.03万	-1270.13万	4	5	7
9	交易猿	6595.69万	3098.58万	3497.11万	1	1	2
10	思明南路	4499.26万	6875.46万	-2376.19万	2	5	7
11	宁波桑田路	4040.13万	8425.31万	-4385.17万	2	3	4

而在游资动向统计中，六一中路名列前茅，投资者通过复盘很容易关注到该席位，从而注意到其大买的大众交通。在随后的一个多月里，大众交通持续上涨，21个交易日涨幅高达303%，成为当时A股公认的人气龙头。

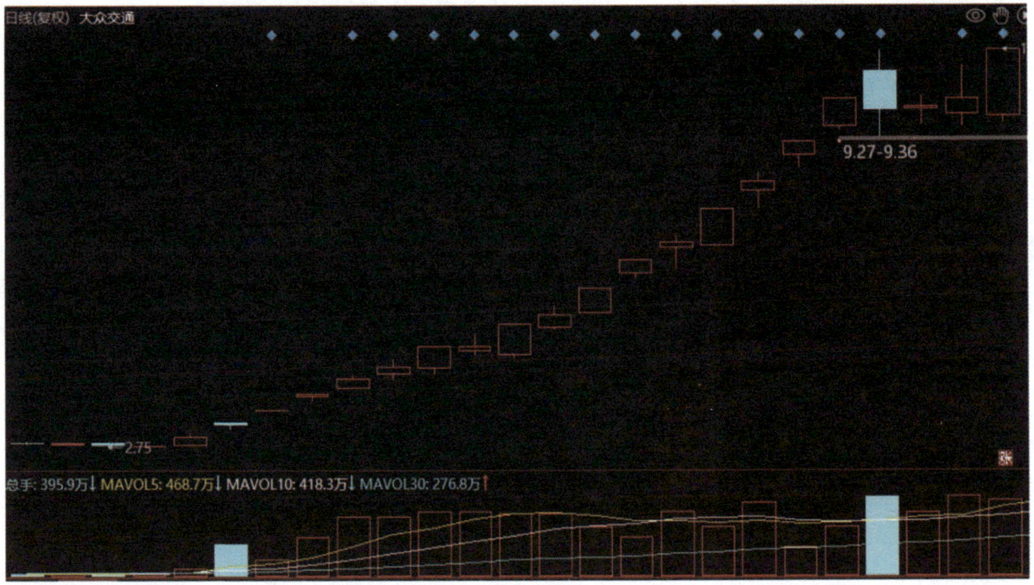

作手操盘之连阳手册

▶▶ 五、基础联动功能概览

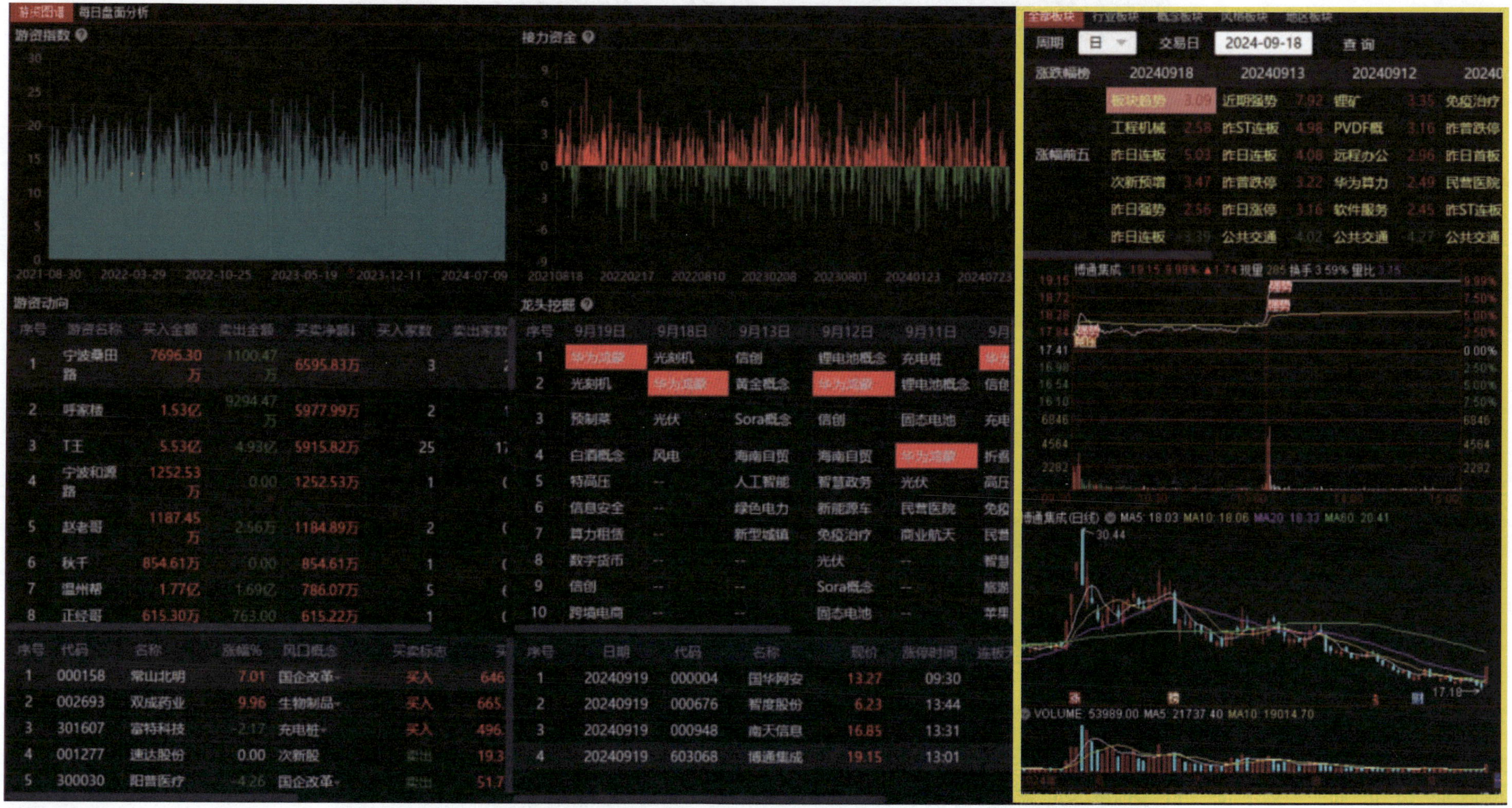

盘面的最右侧是附加联动功能，主要是联动功能模块，包括三个功能：概念板块、分时图、K线图。

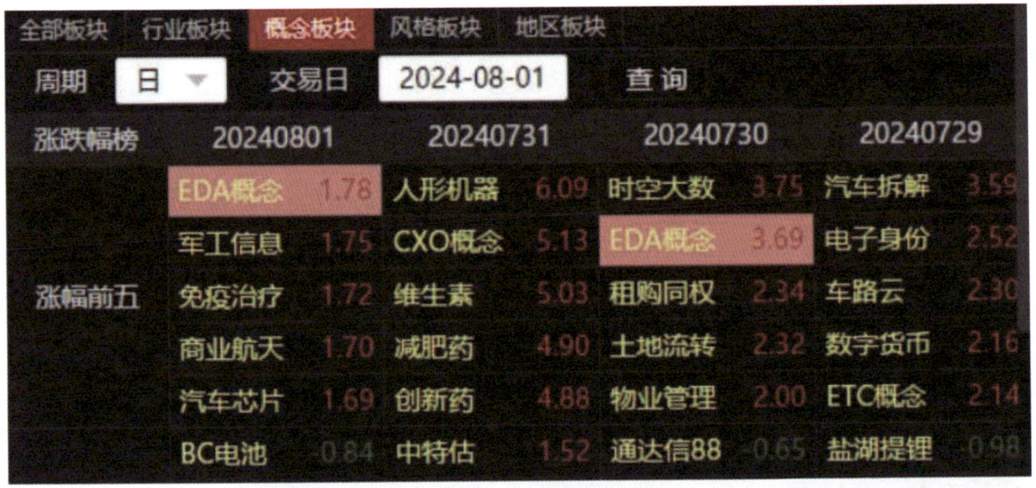

最上面是概念板块功能，与前面分析的龙头挖掘功能类似，不同点在于可以自定义日期来查看历史某一天的热点板块。同时可以切换全部板块、行业板块、概念板块、风格板块、地区板块等多个不同类别的板块，但是没有成分股查看，该功能的重点在于复盘板块。

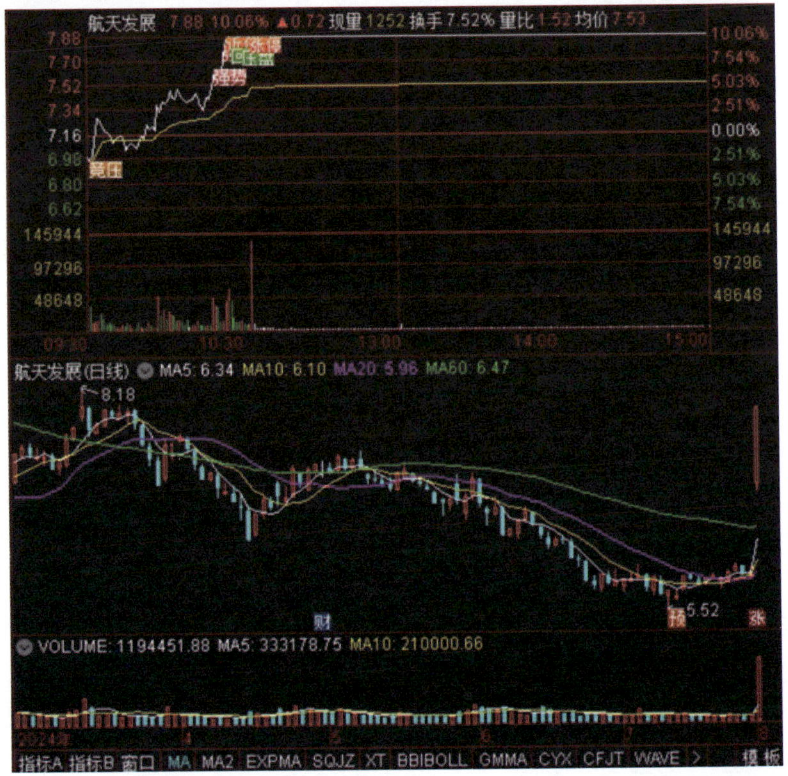

右图是分时图和K线图，在其他模块中点击板块或者个股后，这里会显示对应的板块或个股的分时图和K线图，用来辅助做图形技术分析或趋势判断。

投资日记

作手操盘之连阳手册

作手操盘之连阳手册